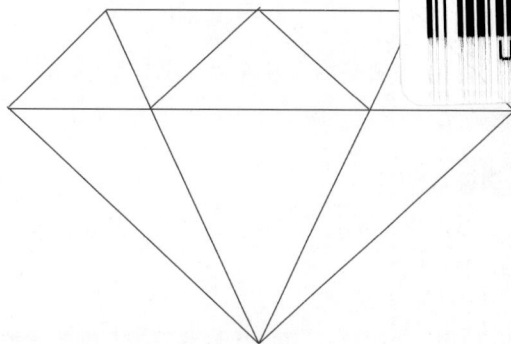

Visual marketing Design

视觉营销设计

主　编　张永彬　郭瑞姝

副主编　李春玥　陈　晓　李　丹

　　　　王维智　刘桂香　张艳梅

　　　　宋大帅

电子工业出版社

Publishing House of Electronics Industry

北京·BEIJING

图书在版编目 (CIP) 数据

视觉营销设计 / 张永彬，郭瑞姝主编. —北京：电子工业出版社，2017.8

ISBN 978-7-121-31835-1

Ⅰ. ①视… Ⅱ. ①张… ②郭… Ⅲ. ①网络营销－高等学校－教材 Ⅳ. ①F713.365.2

中国版本图书馆 CIP 数据核字 (2017) 第 130204 号

策划编辑：张琳岚

责任编辑：马　杰

印　　刷：天津千鹤文化传播有限公司

装　　订：天津千鹤文化传播有限公司

出版发行：电子工业出版社

　　　　　北京市海淀区万寿路 173 信箱　　　　　邮编：100036

开　　本：787×1092　1/16　　印张：12.75　　字数：296 千字

版　　次：2017 年 8 月第 1 版

印　　次：2019 年 7 月第 2 次印刷

定　　价：59.80 元

凡所购买电子工业出版社图书有缺损问题，请向购买书店调换。若书店售缺，请与本社发行部联系，联系及邮购电话：(010) 88254888，88258888。

质量投诉请发邮件至 zlts@phei.com.cn，盗版侵权举报请发邮件至 dbqq@phei.com.cn。

本书咨询联系方式：(0532) 67772605，邮箱：majie@phei.com.cn

目　录

2 电商主图

3 电商设计中平面构成的基本元素

1 设计思维基础

1-1 色彩搭配和视觉营销

1-1-1 电商设计色彩构成

你有过这种感觉吗？虽然没有足够的自信搭配出美丽的色彩，但是有时觉得这样或那样的配色应该会不错。很多人都有自己偏好的色彩，使用某些色彩的频率比较高，这就是每个人所独有的灵感。

我们将通过实例通俗易懂地讲解配色方法和技巧，唤醒你沉睡的灵感。

一、唤醒好色的感觉

先大致学习一下配色的要领。给人留下深刻印象的配色有着共通的模式，恰当的颜色搭配需要遵循一定的原理和原则。这些模式和原理在日常生活中不易被发觉，但实际上却存在于我们身边。我们要做的是唤醒你对色彩的感觉，让灵感发挥出来（见图 1-1-1 和图 1-1-2）。

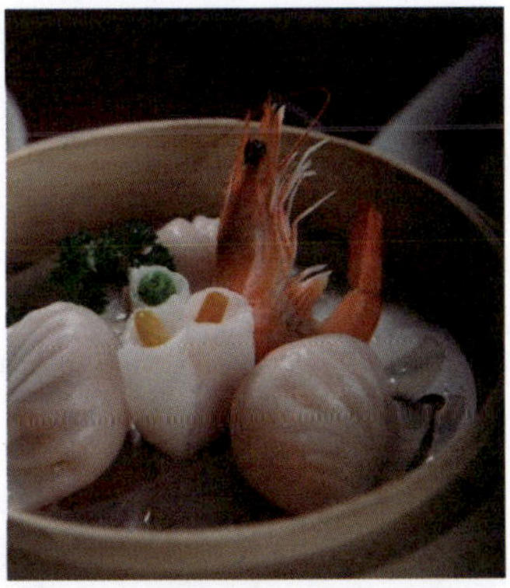

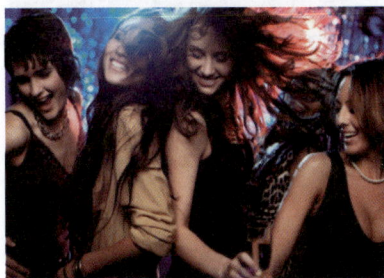

图 1-1-1

哪个让你更有食欲？

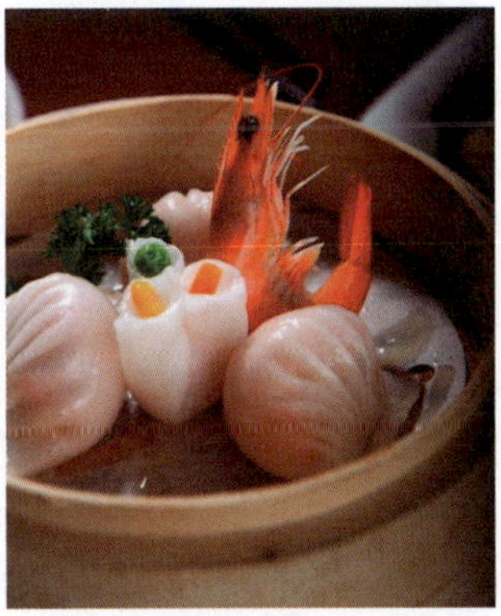

图 1-1-2

如果选择是右图的话说明你还是有救的，对色彩有一定的感觉。

图 1-1-3

哪个使你更有激情？

图 1-1-4

如果选右图，非常好，你有可能成为大师。

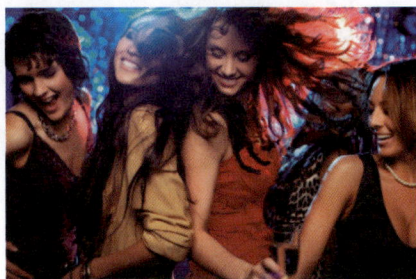

色彩斑斓的大千世界给人类无限的遐想，赋予大自然无限的生命力，带给我们丰富的感觉和联想，我们选择和享受着不同的色彩，一旦失去了色彩，生活将变得乏味无趣和黯淡无光。

色彩从某种意义上来说属于外在表象，多偏重于感性认识。视觉色彩不可能游离于物体形象而独立存在。首先映入人们眼帘的是光和色彩，其次才是物体的形象和材质。人的大脑获取的信息有 80%以上来源于视觉，视觉对所有事物的感知都是通过形象符号和色彩这个组合形式，由感性到理性的转化而获得的。

以视觉传达为主导的诸多艺术门类中色彩颇受艺术家和设计家们的重视，色彩以独特的视觉魅力，成为企业形象整体策划、产品营销无声的广告，有些色彩的选择和名称已经成为某些企业或产品的标志，如肯德基的红色、麦当劳的黄色等(见图 1-1-5 和图 1-1-6)。

图 1-1-5　　　　　　　　　　　　　　　　　　　　　图 1-1-6

色彩在无形中影响着人们的生活，左右着我们的心理和行为，它不仅仅是物质的，同时也是精神的。例如在造型艺术中，艺术家无论用哪一种艺术形式以及选用何种材料来体现个性化的风格，为了突出艺术主题，色彩都往往成为他们在作品当中宣泄情感表达主题最重要的手段之一。对于设计来说，色彩有无与伦比的吸引力，色彩可以强化造型的寓意，增强表现力，烘托氛围。在视觉艺术中，色彩的高效能运用表现得最为突出。设计者以鲜明的色彩语言和简洁的形象，构成以色彩为主导的极富视觉冲击力的整体形象凝聚的艺术表现力和体现出的内涵精神感染和吸引欣赏者。这就是为什么学习电商要从色彩着手的原因。

二、依据色彩原理，创造印象深刻的效果，提高转化率

色彩的配置由色彩的色相、明度和纯度三个要素组合而成。

明度具有较强的独立性，它可以离开色相和纯度而单独存在，而色彩的色相和纯度往往伴随着明度一起出现。物体的立体感、空间感大都有赖于正确的明度关系。因此，色彩的表现需要重视明度关系的研究。

如图 1-1-7 所示的雨后的广场，配色普通，不能给人深刻的印象，而图 1-1-8 中，雨伞的红色和天空的蓝色、建筑的黄色形成对比，这种称为对比色的配色加强了整个风景的效果，给人留下深刻的街景印象。

图 1-1-7　　　　　　　　　　　　　　　　　　　　　图 1-1-8

我们生活中的物品的用途一般都和色彩感觉相一致。各种物品都有相应的使用者、年龄及环境，也就有相应的色彩。如图 1-1-9 所示的小熊玩具，粉紫色系更倾向小女生的人群，图 1-1-10 中，将象征力量的红色跟扳手的功能有效地吻合在一起，让人感觉到力量与安全.

图 1-1-9   图 1-1-10

下面展开来学习电商中的色彩构成。

什么是色彩，这是色彩构成的首要问题。所谓"色"是感觉色和知觉色的统一，所谓"彩"是多彩的意思。一般来说，"色彩"和"色"是同义词，但是由于色彩常常与物体相联系，因此在很大程度上色彩包含着直觉的要素。

色彩不能脱离具体的物象，它作为一种不依附于自然界和日常生活中某种物件而独立存在的视觉元素作用于人的感官，它用色块和色块之间的形式、比例、结构的调整作为语言来表述，这就是色彩构成练习所需要解决的问题。

构成就是为了达到一定的目的和要求，将视觉元素按照一定的美学规律，搭配组合成新的视觉形象。色彩构成就是将两个以上的色彩根据不同的目的，按照一定的原则，重新组合、搭配，构成新的、美的色彩关系。人类对色彩的每一个创造性的活动均属构成行为，这其中既包括行为的过程也包括行为的结果。

现在的色彩构成学就是在色彩科学体系的基础上，研究符合人们知觉和心理原则的配色创造，即将复杂的世界表面现象还原成最基本的要素，运用心理、物理学的原理去发现、把握和创造尽可能美的效果。

一般将配色分成三类要素：光学要素（明度、色相、纯度）、存在的条件（面积、形状、位置、肌理）和心理要素（冷暖、进退、轻重、软硬、朴素、华丽等）。创造时运用逻辑思维去选择与搭配适当的色彩。

流量作为店铺发展的必备因素，越来越成为卖家关注的焦点。对于一家淘宝店来说，不管是 C 店还是商城，有许多增加流量的好方法。流量来了，如何利用店铺的优势来体现流量的价值呢，这就要做好店铺的内功，这其中颜色对人的心理影响很关键（见图 1-1-11 和图 1-1-12）。因此，我们不管是做网站还是做推广图，为了让顾客看得舒服，吸引其关注，缔造好的印象等，往往会在色彩的运用上斟酌很久。

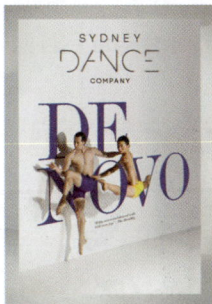

图 1-1-11   图 1-1-12

1-1-2 视觉营销的应用

"视觉营销（VMD）"由来已久，最初谈到视觉营销，人们想到的都是陈列、装饰、卖场，是一些具象的东西。随着时代的发展，电子商务势头威猛，视觉营销这一传统行业的惯用手段也逐渐融入到了网络世界，变得抽象化、多元化，并越来越被重视。

传统行业中的视觉营销，重点在于对环境氛围的布置、主题的强调。而网络中，尤其是淘宝中的视觉营销"成分复杂"，集交互设计、用户体验、信息构架为一体！重点在于视线把控和买家心理把控！所有买家在购物时都有同样的流程：产品进入视线——信息传递到大脑——产生购买欲望——形成购买。可以在心里想一下，你在购物时是不是也经历了这样的环节，通过这个流程我们不难看出，"视觉"是一切购买的前提！实际上这个流程并不完整，应该再多加上几个字：产品有选择性地进入买家视线——买家有选择性地接收信息到大脑——传达的信息刺激买家，从而产生购买欲望——最终形成购买。

下面举例说明什么是"有选择性的"：

同一网页列表中有多个商品，买家会因为种种原因忽略一些商品而只观察个别商品，对于宝贝描述中的商品信息，买家也同样会筛选出重点查看的和滤掉的内容！要实现好业绩，就要在眼花缭乱的市场中争夺买家视线，让买家重点接收你想传达的信息，刺激买家的购物欲！如何在万千商品中脱颖而出？如何让买家接收你的商品的优点？如何屏蔽你的商品的弊端？如何刺激买家的购买欲望？答案：优秀的视觉营销！做好视觉营销就能解决以上的一系列问题，这就是视觉营销的意义！

视觉营销涵盖了所有广告营销的知识架构，并且不断深化，形成了独有的一门综合性营销方略。我们将系统地将所有涵盖的知识介绍给大家。

实训任务

用颜色搭配分别制作出春、夏、秋、冬四季图，尺寸自定，每张图所用颜色控制在三个色相之内。

1-2　电商设计配色原理

1-2-1　电商色彩三大要素

色彩千变万化，但是仔细观察会发现它们之间的主要区别可以归纳为三点：色相、明度、纯度。

一、色相

色相是光谱中某一特定波长的命名，是色彩的首要特征，也是区别各种不同色彩的最准确标准。如黄色、绿色、蓝色等。色相是色彩的灵魂，是色彩的直接代表。在日常生活中，人们对色彩最直接的印象就是色彩的色相表现，而会忽视色彩的明度与纯度等要素。

原色是指不能通过其他颜色混合调配而得出的"基本色"，三原色由三种基本原色构成。

在色相环中位于两原色的中间，由两种原色混合得到的颜色称为中间色。在色相环中处于相对位置的两个颜色称为补色，补色在色彩应用中占据重要的地位图。图 1-2-1 中，背景浅绿色与红色互为补色；图 1-2-2 中，蓝色与黄色互为补色。

图 1-2-1

图 1-2-2

二、纯度

纯度是指色彩的鲜艳程度，即色彩的饱和度、彩度、鲜艳度。在色彩中，含有彩色成分越高，纯度就越高，颜色显示也就越明亮。如图 1-2-3 所示，如果将黑白灰加入一个纯色中，那么该色的纯度就会降低，颜色也会变成灰暗色。

三、明度

明度是指从白到灰，再到黑色的相对亮度或暗度，它是眼睛对光源和物体表面的明暗程度的感觉，主要由光线强弱决定。将黄色和紫色进行对比，明度差别就非常明显，黄色在所有彩色中最亮，紫色最暗。如图1-2-4所示，黑色和白色在改变明度时具有非常重要的作用，在一种颜色中添加黑色，可以获得该色的深色调；相反，添加白色可以获得该色的浅色调。

图 1-2-3

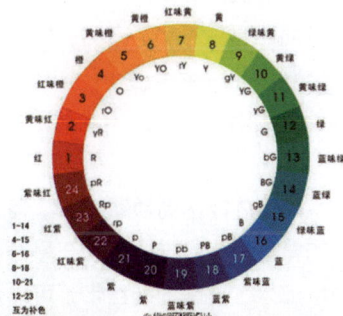

图 1-2-4

明度具有较强的独立性，它可以离开色相和纯度而单独存在，而色彩的色相和纯度往往伴随着明度一起出现。物体的立体感、空间感大多有赖于正确的明度关系。因此，色彩表现需要重视明度关系的研究。

在无彩色中，白色明度最高，黑色明度最低。有彩色的明度表现有两种情况：一是同一色相不同明度；二是不同色相的明度差异。彩色的明度等级根据无彩色明度等级确定。

1-2-2   色相对比

色相环如图1-2-5所示，根据色相环的不同位置关系可将色彩分为同类色、类似色相、临近色相、对比色相和互补色相。

一、同类色相对比

在色相环上角度距离15°左右的色彩称为同类色相，它们的色相非常接近，只能通过明度、纯度的差别对比来营造丰富的视觉效果，这样的色相间产生的对比叫做同类色相对比。同类色相对比属于较弱的色相对比，常用来表现雅致含蓄、单纯、统一的视觉情感。

图 1-2-5

二、类似色相对比

在色相环上角度距离在45°左右的色彩称为类似色相，它们的色相差别小，但是比同类色差别大些，仍需要通过明度、纯度方面的差别对比来产生丰富的视觉效果，这样的色相间产生的对比叫做类似色相对比。

三、邻近色相对比

在色相环上角度距离在90°左右的色彩称为邻近色相，它们的色相差别适中，这样的色相之间对比称为邻近色相对比。这种对比色彩差异增强，画面显得丰富。同时，由于色彩并非对立，易于做到统一、调和。

四、对比色相对比

在色相环上角度距离在120°左右的色彩称为对比色相，它们的色相差异很大，这样的色相之间产生的对比叫做对比色相对比。对比色相对比的色彩效果相对鲜明、饱满、强烈，色相感更为丰富，有较强的视觉冲击力。

五、互补色相对比

在色相环上角度距离 180°左右的色彩称为互补色相，它们之间产生的对比叫做互补色相对比。互补色相差别最强烈，属于最强色相对比，对比最丰富、强烈、刺激，具有超强的视觉冲击力。它们之间需要合理搭配，否则会产生负面效应。由于产生的刺激非常强，缺少优雅含蓄的感觉，因此需要对补色进行明度和纯度的调整，使画面相对稳定。

明白了这些原理，基本配色时就不成问题了，只要按照自己的想法，找到适合自己的画面主题的颜色及关系就不会错。当然还有更高层次的色彩原理。

实训任务

画五张图，尺寸内容自定，要求分别体现五大对比色的色彩搭配风格。

1-3　如何合理安排画面颜色

1-3-1　突出画面主体

画面整体显得模糊时，要放弃几个要点，以明确主题，着力强调主角部分，删去暧昧模糊的地方。主题明确后，不仅气氛被提升，画面也会显得清爽踏实。

感觉配色过于沉重压抑时，应该减少黑色，增加鲜艳的颜色，色彩将瞬间明朗起来。色调沉重是由于混入过多黑色，减少黑色后自然会呈现出鲜艳的色彩。这是最具代表性的突出配色方法，也是效果最显著的方法。

一、烘托中心

提升画面中心，会使配色给人深刻印象；强化明度对比，会格外引人注目。如图 1-3-1 中，将模特放在画面的中心，即可强化明度对比，突出主体。

二、制造一个亮点

沉稳踏实的配色固然好，但过于均一则平淡无趣。此时，在画面中心设置小面积的亮点，将兼得品味与活力。

抑制背景色，亮点才能达到预期效果，亮点的面积越小给人的印象越深刻。为了使亮点达到预期的效果，要尽量抑制周边的背景色。这样，即使在平稳不显眼的色彩中，这个亮点也会光芒四射。如图 1-3-2 所示，在平稳的色调中，加入了显眼的红丝带，可以使人加深印象。

三、加入鲜艳的颜色

鲜艳的色彩尽显活力，纯色越高越富有朝气。如果想增加配色的欢快感，应加入纯度高的色彩。图 1-3-3 中，鲜艳的红色水果，给人活泼有朝气的视觉感受。

图 1-3-1

图 1-3-2

图 1-3-3

四、增加色彩

添加色彩，可以使画面生动，黑白主体或是无彩色的画面总会使人感到有所欠缺，加入些颜色，画面顿时变得欢快跃动。如果画面过于单调，可以考虑一下增加色彩。

五、减少一部分黑色

调整一部分明亮度，将主页的背景色设为较暗色调会有踏实感，这样虽然显得高雅却有失欢快，这时试着将背景色调亮一个等级，将会呈现明朗愉悦的画面效果。

六、设置明度差异

明度差带来活力，明度差越大，画面越有力度，效果越强；反之，则平稳无风险。如果感到配色效果过于平稳，缺乏力度的话，可以把明度调高一些。

七、分离配色

分离带来动感。按照色相、明度次序配色称为"渐进配色（Gradation）"；与之相对的，独立配置各色的方法称为"分离配色（Separation）"。

渐进配色：按色相顺序排列，给人安静平稳之感，但有失紧凑，略显无趣。

分离配色：将色彩变换顺序突出各色的独立性，产生节奏感。

八、加入互补色

互补色是主色的必要补充，甚至可以说，配色的基本点就在于补色，配色完成于补充颜色的过程之中。加入补色的画面使人心情舒畅，缺乏补色的画面令人觉得不自然。初学者一定记得加入补色。

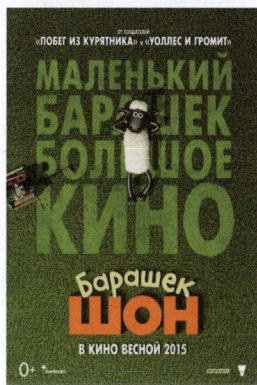

图 1-3-4

九、对比色带来平稳的对比

对比色可以使对比与平稳共存。对比色即使面积较小也能通过尖锐的对比产生紧凑感，而且不会像互补色那样使冲突感过强。如图 1-3-4 所示，画面稳定，所以对比色兼具对立和平稳的感觉

十、节日般的全色相型

网罗全部色相的画面比较开放。调动色环上的每个色相、网罗式的配色称为"全色相型"。通过完全再现自然界中的色相，达到充分释放活力的功效。如图 1-3-5 中，色相较多，展现了多姿多彩生动活泼的画面。

图 1-3-5

十一、毕加索派，终极纯粹三角型

红、黄、蓝在色相环上组成一个真正的三角形。三原色是特殊的颜色，其他颜色都可以通过这三种颜色混合而成，但其他颜色无法调和出三原色。随着毕加索、蒙德里安等现代派画家们追求终极的纯粹色，三原色的组合得到了重视，如图 1-3-6 显示了红黄蓝三原色的组成。

十二、用黑色起突出作用

"黑"是最有力的搭配色。加入黑色会突出原有的颜色，使画面有力度。黑色与其他色彩组合，是最强力的配角色。如图 1-3-7 中，可以明显感觉，用黑色背景更能突出主体。

图 1-3-6

图 1-3-7

十三、在不破坏画面的基础上，用白色起强调作用

白色是所有色彩中最中立、最无个性的颜色，但是可以通过特定的使用方法，使画面整体突出。在不破坏其他色彩感觉的基础上提升整体效果。

1-3-2　融合型

可以采用三属性（色相、纯度、明度）来缓和过于喧闹、醒目的颜色。突出时要增强三属性的对比，融合时则要减弱对比色的对立。

融合型的典型方法：融合型有双色调的双色法及渐进法等典型风格，这些都是经过长年积累被证实了是可靠的配色。

一、靠近色相

使用同色系，可以使画面统一和谐。

色相差越大画面越活泼，反之，色相越靠近画面越稳定。当画面色彩给人过于喧闹的感觉时，可以使用靠近色相，协调各种颜色，使画面稳定。

二、统一明度

明度差别太大会破坏安定感。

即使色相相差很大，只要明度统一，画面整体也会给人以安定的感觉。这是在破坏色相平衡、维持原有气氛的同时，得到安定感的巧妙方法。扩大明度差，产生活泼感的同时丧失柔和感，缩减明度差至零后，画面整体会变得和缓，表现出化妆品特有的柔和感。

三、靠近色调

色调也称"调子"，表示色彩的感觉、品位。因此可以把同一色调的颜色群归为具有同一类色彩感觉。组合同一色调的颜色，相当于统一了画面气氛。

四、利用白色间隔使画面更柔和

可以在过于浓艳的配色中使用白色背景。

白色的色彩度为零，是完全中立的颜色，但是由于搭配方法不同，可以产生十分鲜明的效果，白色可以令平淡的配色鲜明，也可以令浓艳的配色柔和。

实训任务

任选一款产品或者人物，制作一张尺寸和内容不限的图，要求运用所学知识烘托主体。

1-4 精彩的电商配色是怎么炼成的

1-4-1 色彩对比与面积、形状、位置、纹理的关系

一、色彩对比与面积

色彩面积对比是指各种色彩在构图中所占量的对比，是数量上多与少、面积上大与小的结构比例上的差别而形成的对比。

色彩感觉与色彩面积的关系很大，同一组色彩面积大小不同，给人的感觉就不一样。如面积小的红绿色点或色线在空间中混合在一起，在一定的距离之外接近于暗金黄色；面积大的红绿色块并置，则给人以强烈的刺激。同一色彩，面积小的易见度低。面积太小的色彩甚至会被环境同化；面积大的色块易见度高，但易使人产生疲劳，如大片黑色会使人压抑，大片白色会使人空虚，大片红色会让人躁动，这时往往需要在画面中加小面积其它颜色进行穿插或点缀，借以调节视觉疲劳，这时常用补色。如图 1-4-1 所示，在大面积的红色中加入了黑色与白色，就降低了躁动感。

同样面积的暖色和冷色给人的感觉也不相同，暖色显得面积大，冷色显得小。另外，画面色调的形成跟色块的面积还有直接关系，扩大或缩小某一块颜色的面积，就会改变画面的感觉，实践中常通过扩大面积来改变主色调。

用色彩构图时，有时会觉得某些颜色太突出，显著夺目；有的颜色力量不足，发挥不了作用。为了调整关系，就要调节三大要素和面积。

歌德认为，色彩的力量取决于明度面积。他把纯色明度数比定位为黄：橙：红：紫：青：绿=9:8:6:3:4:6，如图 1-4-2 所示，他将一个圆环分成 36 个扇形等份，以此表示颜色的力量比。

以上是色彩达到最纯效果时最佳的面积比值，但在实践中，构成画面的色彩复杂，要达到平衡往往不是使用精确的计算，而是多欣赏好的作品，积累经验，培养出较好的色彩感觉。

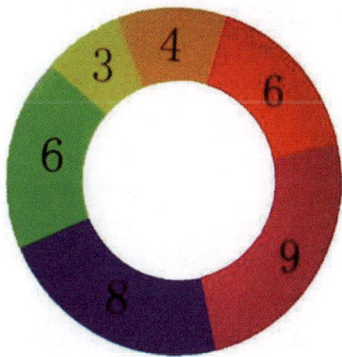

图 1-4-1　　　　　　　　　　　　　　　　图 1-4-2

二、色彩对比与形状

凡是色彩就具有形状，形状是载体，色彩是表情，形与色无法分离。马蒂斯这样说："如果线条诉诸于心灵，色彩诉诸于感觉，那你就该先画线条，等到心灵得到磨炼之后，才能把色引向一条合乎情理的道路。"

方、圆、钝、锐的不同形状会使人产生不同的感觉和联想。例如，正方形有扩张感，再加上红色，能使这种感觉发挥到极致；三角形比较尖锐有刺激感，红三角比较有动感，冷色就比较有速度感。如图 1-4-3 中的圆形流畅轻盈有漂浮感。另外，形状模糊和清晰、规则和不规则也会产生不同的效果，这需要多通过实践去体验。

三、色彩对比与位置

为了强化画面的中心，弱化背景，就要增强中心色彩的对比，弱化背景色彩的对比。配色时要分明主次，不同的地位的元素拼到一个画面中，要注意突出和融合的关系。如图 1-4-4 中，弱化了四周的色彩，突出中心位置的主体。

图 1-4-3

图 1-4-4

四、色彩对比与纹理

纹理本身是对形状的进一步传达，可以用来展示材质等。色彩和纹理相互组合可以更加充分地阐述情感。在事物本身添加不相干的纹理甚至会有出奇的效果。

但纹理对比的运用也要遵从呼应、均衡、主次、节奏韵律等形式美法则，应与所表现的主题和情调吻合，与画面的语言环境协调，最终达到和谐效果。纹理不可滥用，否则各式各样的纹理杂乱无章，相互干扰抵消，画面反而会失去效果。

1-4-2　色彩的形式美法则

在现实生活中，人们的审美习惯存在文化修养、宗教习惯、地域文化等个性的差异，有不同的审美追求，但对于美的评判标准，在大多数人中却存在着一种共识。这种共识在人们长期的社会实践中发展而来，它是客观存在的形式美法则，包括均衡、呼应、主从、层次、节奏、秩序等。

一、均衡

根据格式塔心理学，在相对稳定的画面中存在一个力场，画面四周的框架则规定了力场的范围。色彩与形状的改变能够引起画面上视觉分布变化，框架中力场的梯度应朝着中心递增，也就是说，在色彩构图中，要达到视觉力量上的均衡感，色块的布局应该以中心为支点和基准向其他方向布置。

从位置上讲，中心上面的颜色要比下面的颜色轻；接近中心的色块比偏离中心的色块轻；向心的色块比离心的色块要重；右方的色块比左方的色块要重。色彩的不同形状指向感不同，在构图中色块的方向感也影响到画面均衡。从形状上讲，形象明确清晰规则的色块比模糊的轮廓不规则的色块重；直线重，曲线轻，正方、正圆的色块重，三角形、椭圆的色块相对较轻。从色彩上讲，深暗、鲜艳、对比强、偏暖的色调重，浅淡、素净、对比弱、偏冷的色调感觉轻。

二、呼应

　　色彩呼应是为了增加画面色块的有机联系。在构图中，呼应是色彩平衡的常用手段。画面中任何色块都不会孤立出现，一般也不应该只出现一次。它需要同种、同类色块在上下、左右诸多方面相互呼应，如图1-4-5中，上下绿色的互相呼应，增强了整个画面的联系。

三、主从

　　画面色彩应有主次之分，分清主导色、基色、辅助色、点缀色，合理安排色彩之间的面积比例关系。

　　主色的面积不一定大，但要发挥关键作用。主色是画面的色彩中心，一般为主体部分，色相要明显区别于基色，靠近视觉中心，靠其他色彩的烘托产生。

　　基色决定画面的整体面貌，往往占较大面积，辅助色要恰到好处，不大不小，相得益彰，避免喧宾夺主。

　　点缀色一般面积很小，对画面的色调不构成影响，但可以改变画面的面貌，让画面更有生气。面积大了会破坏色调，小了容易被同化，发挥不了作用。应该将最鲜明、最生动的色彩放到画龙点睛的地方。

　　画面中的配色，一般限制在3到5种为宜，多易杂乱，少易单调。如图1-4-6中用蓝色，黄色与白色相互呼应，相互联系。

图 1-4-5

图 1-4-6

四、层次

　　色彩的层次是利用明度、纯度、色彩对比关系将色彩的感受拉开距离，像黑白灰就是三层关系，在色彩中强弱层次还可以细分很多层。

　　色彩的层次跟进退有关。一般暖色系有前进感，冷色系有后退感，但是也不绝对，因为有时候取决于画面中的相互衬托关系（见图1-4-7）。

图 1-4-7

五、节奏和韵律

作为视觉艺术的色彩同听觉艺术的音乐一样，有着可见的节奏和韵律，听觉上的强弱、轻重、缓急、高低等变化和视觉逻辑有一致性。

六、秩序

这是一个高深的定义，即使有绘画基础，不画几十年也难以理解，英国美术史家贡布里希在他的著作《秩序感》中从心理学角度强调人类情感对节奏、秩序和事物的复杂性的倾向与喜欢。简单的图形易于构造，但多样性统一的复杂图形易于激发知觉。

恰当运用均衡、呼应、主从、层次、节奏等诸多法则可造成和谐统一的秩序感。可以简单地把它们理解为布局的方式，就好比我们收拾房间的能力不同，每个人有自己的习惯，对这一切采用有形式的组合就是秩序。

1-4-3　色彩在视觉营销中的运用

可口可乐公司的鲜红色，给人强烈的视觉刺激，激发了人的购买欲望，在全球打开了市场。从某种意义上说，色彩在视觉营销中是第一位的，心理学的有关研究表明，人的视觉在观察物体时，最初 20 秒内，色彩感觉占 80%，而形态感觉占 20%；两分钟后色彩占 60%，形态占 40%；5 分钟后各占一半，并且这种状态将继续保持。可见，色彩给人的印象是多么迅速、深刻、持久。

色彩能够吸引注意力，鲜明色的色彩对于瞬间出现的即刻注意起着明显的刺激作用，更能逼真地再现商品的真实性，忠实反映商品的颜色、质感、量感，展示出商品的真实面貌，并通过色彩感受引发公众的感觉心理，刺激消费需求。通过色彩使消费者更易辨识和产生亲切感。使公众或消费者一看画面就能知道是哪个企业、哪个商品。色彩更能清晰地传达视觉效果、商品印象、商品性质、企业形象、性别、年龄。如图 1-4-8 中红牛的色彩采用鲜艳的红黄对比，提高辨识度，使人一眼看出是什么商品。

图 1-4-8

实训任务

任选一款产品，制作一张尺寸不限的图，要求运用本课所提的纹理及色彩的变化突出主体。

2 电商主图

2-1-1　Adobe Photoshop

一、简介

Photoshop 简称 Ps，它是进行电商图形设计必须用的软件。Photoshop 主要处理以像素构成的数字图像(而非矢量图像)。Ps 有很多功能，在图像、图形、文字、视频、出版等各方面都得到广泛应用，使用它众多的编修与绘图工具，可以有效地编辑图片。

二、历史

1987 年，Photoshop 的主要设计师托马斯·诺尔买了一台苹果计算机(MacPlus)帮助自己编写博士论文。托马斯发现当时的苹果计算机无法显示带灰度的黑白图像，为此他编制了一个 Display 程序；他的兄弟约翰·诺尔在乔治·卢卡斯导演的电影特殊效果制作公司 Industry Light Magic 工作，他对托马斯的程序很感兴趣，两兄弟在此后的一年多不断修改 Display，使其成为功能更强大的图像编辑程序，经过多次改名后，在一个展会上接受了一个参展观众的建议，他们把程序改名为 Photoshop。此时的 Display/Photoshop 已经有了 Level、色彩平衡、饱和度调整等功能。此外约翰还编写了一些程序，后来成为插件(Plug-in)的基础。

他们的第一个商业成功是把 Photoshop 交给一个扫描仪公司搭配销售，名字叫做 Barneyscan XP，版本是 0.87。与此同时约翰继续找其他买家，包括 SuperMac 和 Aldus，但都没成功。最终他们找到了 Adobe 的艺术总监 Russell Brown。Russell Brown 此时已经在研究是否考虑另外一家公司 Letraset 的 ColorStudio 图像编辑程序。看过 Photoshop 后，他认为托马斯兄弟的程序更有前途。在 1988 年 7 月他们口头决定合作，而真正的法律合同到次年 4 月才完成。

20 世纪 90 年代初，美国的印刷工发生了比较大的变化，印前 (pre-press) 电脑开始普及。Photoshop 在版本 2.0 增加的 CMYK 功能使得印刷厂开始把分色任务交给用户，一个新的行业——桌上印刷 (Desktop Publishing - DTP)由此产生。

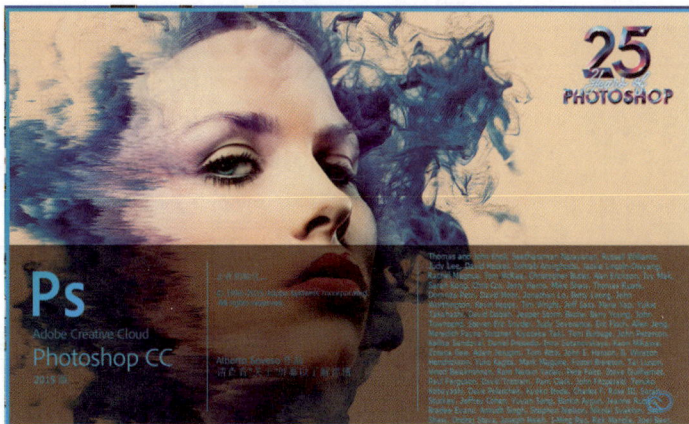

图 2-1-1

2015 年 2 月 19 日，AdobePhotoshop 发布了 25 周年纪念(见图 2-1-1)。

三、功能和窗口组成

从功能上看，Photoshop 软件可分为图像编辑、图像合成、校色调色及特效制作等部分。

1. 图像编辑是图像处理的基础，它用来对图像做各种变换，如放大、缩小、旋转、倾斜、镜像、透视等；也可进行复制、去除斑点、修补、修饰图像的残损等。

2. 图像合成是将几幅图像通过图层操作、工具应用等，合成一个完整的、传达明确意义的图像，这是美术设计必经之路；Photoshop 提供的绘图工具能让外来图像与自己的创意很好地融合。

3. 使用校色调色功能可方便快捷地对图像的颜色进行明暗、色偏的调整和校正，也可在不同颜色间进行切换，以满足图像在不同领域，如网页设计、印刷、多媒体等方面的应用。

4. 特效制作功能在该软件中主要由滤镜、通道及工具综合应用完成。包括图像的特效创意和特效字的制作，如油画、浮雕、石膏画、素描等常用的传统美术技巧都可由该软件的特效功能实现。

Photoshop 窗口的组成与各部分的功能（见图 2-1-2）：

标题栏	位于主窗口顶端，最左边是 Photoshop 标记，右边分别是最小化、最大化/还原和关闭按钮。
菜单栏	对所有操作提供菜单控制，包括：文件、编辑、图像、图层、选择、滤镜、视图、窗口和帮助九项。Photoshop 通过两种方式执行所有命令，一是菜单，二是快捷键。
属性栏	又称工具选项栏，选中某个工具后，属性栏就会显示相应工具的属性设置选项，可用来更改设置相应的选项。
图像编辑窗口	中间的窗口是图像编辑窗口，它是 Photoshop 的主要工作区，用来显示图像。图像编辑窗口有自己的标题栏，提供了打开文件的基本信息，如文件名、缩放比例、颜色模式等。如果同时打开两个图像，可通过窗口菜单进行切换，也可使用 Ctrl+Tab 键切换图像窗口。
状态栏：主窗口底部是状态栏，由三部分组成。	
文本行	说明当前所选工具和所进行操作的功能与作用等信息。
缩放栏	显示当前图像窗口的显示比例，用户也可在此栏中输入数值后按回车键改变显示比例。
预览框	单击右边的黑色三角按钮，可以打开一个弹出菜单，选择任一命令，相应的信息就会在预览框中显示。
工具箱	工具箱(也称为工具栏)中的工具可用来选择、绘制、编辑及查看图像。用鼠标拖动工具箱的标题栏，可移动工具箱；单击可选中某工具，此时属性栏会显示该工具的属性。有些工具的右下角有一个小三角形符号，这表示在该工具位置上存在一个工具组，其中包括若干个相关工具。
控制面板	共有 14 个控制面板，可通过执行"窗口"菜单中的命令来显示或隐藏某个面板。

按 Tab 键，将隐藏命令面板，属性栏和工具箱，再次按 Tab 键，将显示以上组件。按 Shift+Tab，隐藏或显示控制面板，保留工具箱。

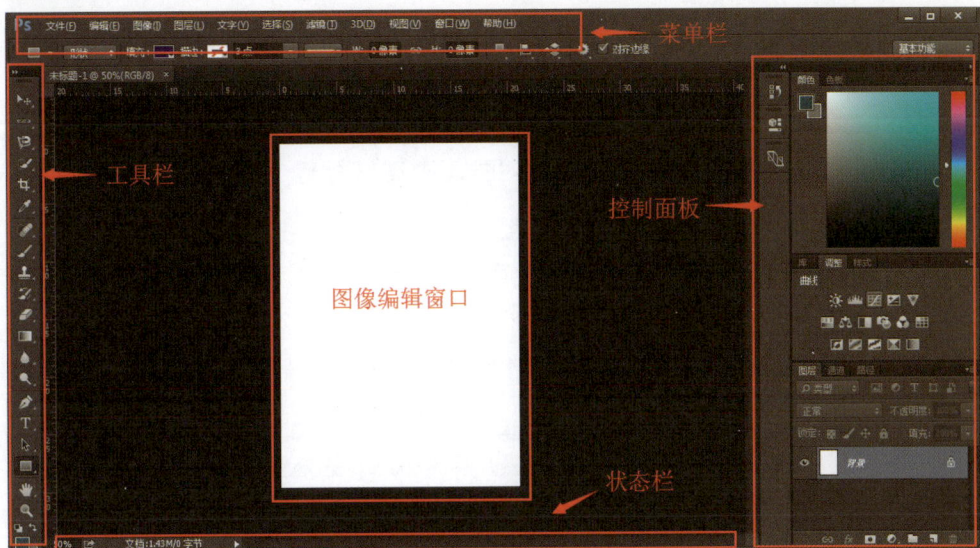

图 2-1-2

四、文件格式

格　式	说　　明
PSD	Photoshop 默认的保存文件的格式，可以保留所有的图层、色版、通道、蒙版、路径、未栅格化文字以及图层样式等，但无法保存文件的操作历史记录。Adobe 的其他软件产品，例如 Premiere、Indesign、Illustrator 等，可以直接导入 PSD 文件
PSB	最高可保存长度和宽度不超过 300 000 像素的图像文件，此格式用于文件大小超过 2 Giga Bytes 的文件，但只能在新版 Photoshop 中打开，其他软件以及旧版 Photoshop 不支持
PDD	此格式只用来支持 Photo Deluxe 的功能。Photo Deluxe 现已停止开发
RAW	Photoshop RAW 包括有 Alpha 通道的 RGB、CMYK 和灰度模式，以及没有 Alpha 通道的 Lab、多通道、索引和双色调模式
BMP	BMP 是 Windows 操作系统专有的图像格式，用于保存位图文件，最高可处理 24 位的图像，支持位图、灰度、索引和 RGB 模式，但不支持 Alpha 通道
GIF	GIF 格式因采用 LZW 无损压缩方式并且支持透明背景和动画，被广泛运用于网络中
EPS	EPS 是用于 Postscript 打印机上输出图像的文件格式，大多数图像处理软件都支持该格式。EPS 格式能同时包含位图图像和矢量图形，并支持位图、灰度、索引、Lab、双色调、RGB 以及 CMYK
PDF	便携文档格式 PDF 支持索引、灰度、位图、RGB、CMYK 以及 Lab 模式。具有文档搜索和导航功能，同样支持位图和矢量
PNG	PNG 作为 GIF 的替代品，可以无损压缩图像，最高支持 244 位图像并产生无锯齿状的透明度。但一些旧版浏览器（例如 IE5）不支持 PNG 格式
TIFF	TIFF 是一种通用文件格式，绝大多数绘画软件、图像编辑软件以及排版软件都支持该格式，扫描仪也支持导出该格式的文件
JPEG	JPEG 和 JPG 一样，是一种采用有损压缩方式的文件格式，JPEG 支持位图、索引、灰度和 RGB 模式，但不支持 Alpha 通道

五、功能用途

功　能	用　途
专业侧重	Photoshop 的专长是图像处理，而不是图形创作。图像处理是对已有的位图图像进行编辑加工以及设置一些特殊效果，其重点是对图像进行加工处理；图形创作软件是按照自己的构思创意，使用矢量图形等来设计图形
平面设计	平面设计是 Photoshop 应用最广泛的领域，无论是图书封面，还是招贴、海报，这些平面印刷品通常都需要用 Photoshop 软件对图像进行处理
广告摄影	广告摄影是一种对视觉要求非常严格的工作，其最终成品往往要经过用 Photoshop 修改才能得到满意的效果
影像创意	影像创意是 Photoshop 的特长，通过 Photoshop 的处理，可以将不同的对象组合在一起，使图像发生变化
网页制作	网络的普及促使更多人掌握 Photoshop，制作网页时，Photoshop 是必不可少的网页图像处理软件
后期修饰	在制作建筑效果图包括准三维场景时，人物与配景包括场景的颜色常常需要在 Photoshop 中增加并进行调整
视觉创意	视觉创意与设计是设计艺术的一个分支，此类设计通常没有非常明显的商业目的，但由于它为广大设计爱好者提供了广阔的设计空间，因此越来越多的设计爱好者开始学习 Photoshop，并进行具有个人特色与风格的视觉创意
界面设计	界面设计是一个新兴的领域，受到越来越多的软件企业及开发者的重视。当前还没有用于界面设计的专业软件，因此绝大多数设计者使用的都是 Photoshop 软件

六、点阵图图像和矢量图图像

点阵图图像(也叫位图图像)通过许多正方形小色块不同的排列和染色构成图样(见图 2-1-3)，一个小色块就是一个像素(像素是图像的最小单位)，像素具有固定的颜色值和位置。

优点：适于表现丰富的色彩变化和柔和的光影。

缺点：图像在放大时边缘有锯齿，容易失真。

矢量图图像用矢量绘图程序定义(像数学计算)角度、弧度、面积及纸张相对的空间方向，包含赋予填充和轮廓性的线框(见图 2-1-4)。常见的矢量图处理软件有 CorelDRAW、AutoCAD、Illustrator 等。

优点：图像可以"无极"放大，放大后的图像边缘仍然平滑无锯齿。

缺点：只能表现单一颜色的线条和色块。

图 2-1-3

图 2-1-4

2-1-2 Adobe Illustrator

一、简介

Adobe Illustrator 是一种应用于出版、多媒体和在线图像的工业标准矢量插画的软件，作为一款非常好的图片处理工具，Adobe Illustrator 广泛应用于印刷出版、海报书籍排版、专业插画、多媒体图像处理和互联网页面制作中，它可以提供较高的精度和控制，适用于任何小型到大型设计的复杂项目。

二、功能

作为全球最著名的矢量图形软件，Adobe Illustrator 以其强大的功能和体贴用户的界面，占据了全球矢量编辑软件中的大部分份额。据不完全统计，全球有 37%的设计师使用 Adobe Illustrator 进行艺术设计。

基于 Adobe 公司专利 PostScript 技术的运用，Illustrator 已经完全占领了专业的印刷出版领域。无论是线稿的设计者和专业插画家、生产多媒体图像的艺术家，还是互联网页或在线内容的制作者，使用过 Illustrator 后都会发现，其强大的功能和简洁的界面设计风格只有 Freehand 能相比。

三、软件特点

Adobe Illustrator 最大特征在于使用钢笔工具使得绘制矢量图成为可能。它还集成了文字处理、上色等功能，在插图制作、印刷制品(如广告传单、小册子)设计制作方面得到广泛使用，事实上已经成为桌面出版(DTP)业界的默认标准。它的主要竞争对手是 Macromedia Freehand，但是在 2005 年 4 月 18 日，Macromedia 被 Adobe 公司收购。

Adobe Illustrator 通过"钢笔工具"设定"锚点"和"方向线"实现钢笔工具方法。一般用户在一开始使用时会感到不太习惯，做过一定的练习并掌握以后，就能够随心所欲地绘制出各种线条。

Adobe Illustrator 作为创意软件套装 Creative Suite 的重要组成部分，与兄弟软件——位图图形处理软件 Photoshop 有类似的界面，并能共享一些插件和功能，实现无缝连接。同时它也可以将文件输出为 Flash 格式。因此，可以通过 Illustrator 让 Adobe 公司的产品与 Flash 连接。

Adobe Illustrator 提供丰富的像素描绘功能以及顺畅灵活的矢量图编辑功能，能够快速创建设计工作流程。借助 Expression Design，可以为屏幕/网页或打印产品创建复杂的图形元素。它支持许多矢量图形处理功能，拥有很多拥护者，也经历了时间的考验。Adobe Illustrator 提供了一些相当典型的矢量图形工具，诸如三维原型（primitives）、多边形（polygons）和样条曲线（splines），一些常见的操作都能在这里被发现。

Adobe Illustrator 外观颜色不同于 Adobe 的其他产品，Design 是黑灰色或亮灰色外观，这种外观上改变或许是 Adobe 故意为之，意在告诉用户这是两个新产品，而不是原先产品的改进版。

> **实训任务**

根据今天所学，认识软件界面，并且练习工具的使用。

> **2-2 初识电商主图**

2-2-1 优秀与失败主图分析

主图是消费者对店铺的第一眼认识，消费者通过它认识店铺，它起到了吸引消费者的作用，其重要性不言而喻，主图制作的好坏决定了消费者是否愿意点击进入到你的店铺，从而消费购买。

【例 2-2-1】如图 2-2-1 中的 8 个主图哪个吸引你？哪个容易被忽视？

↓被吸引：优秀主图

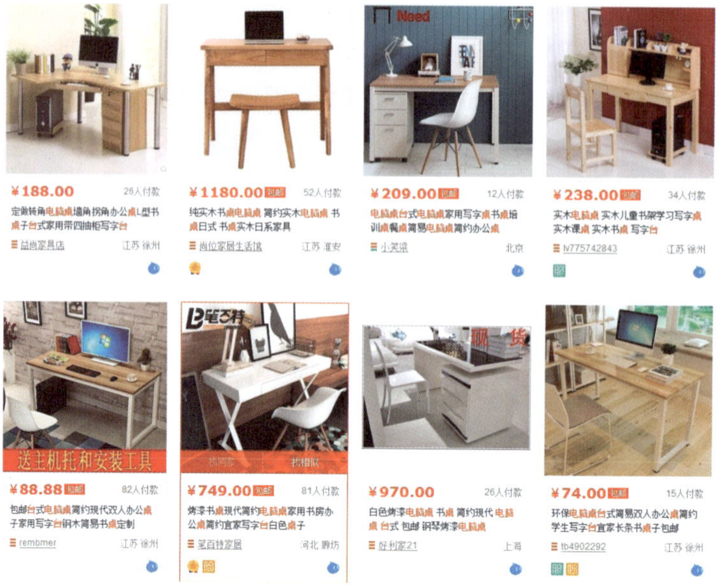

↑被忽视：失败主图

图 2-2-1

主图的设计规范：

① 形状为正方形。

② 最大尺寸：800×800 像素(如果做到 700 像素以下，在显示中就没有了放大镜的效果)。

③ 72 分辨率。

④ 多角度装修发布.

【例 2-2-2】主图规范展示(正面、背面、领口、细节等多角度展示)。

图 2-2-2

2-2-2　多角度主图制作实操

操作流程：

一、摄影拍照

1. 认识熟悉产品，多角度观察产品。

2. 拍摄产品，多个角度拍摄，体现细节、做工、材质等。

二、准备素材

1. 装饰素材：背景、店铺 LOGO、活动文字。

2. 辅助素材：相关设计元素。

三、制作模板

整齐、统一风格、有系列感。

【例 2-2-3】模板展示。

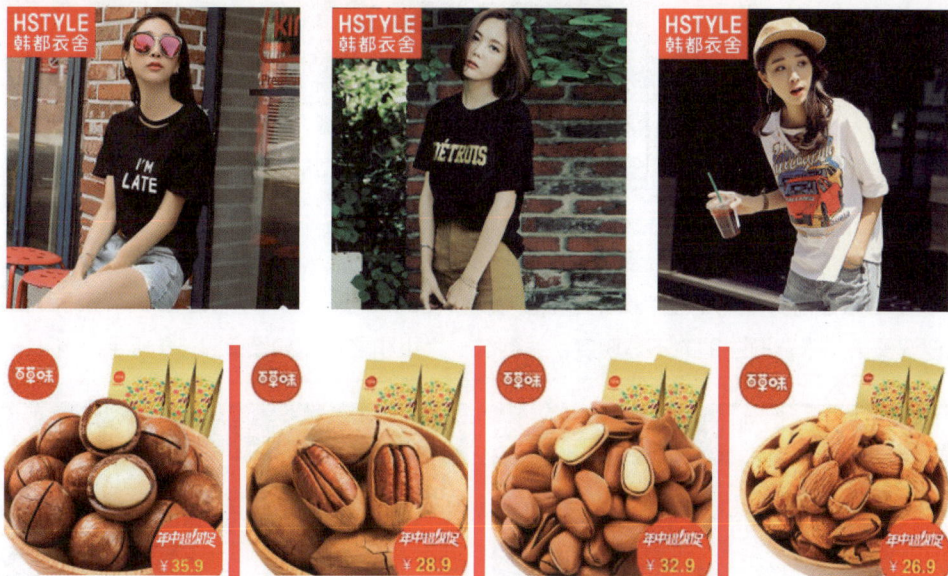

图 2-2-3

四、Photoshop 设计制作

1. 打开 Photoshop 软件。

2. 执行"文件"→"新建"菜单命令，新建画布，尺寸为 800×800 像素，分辨率为 72 像素，如图 2-2-4 所示。

3. 打开素材文件"网店 logo.psd"，如图 2-2-5 所示。

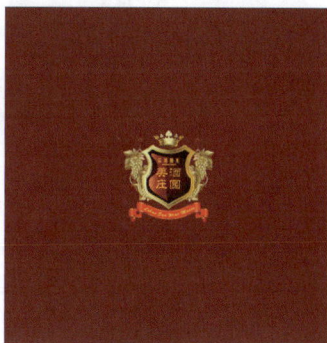

图 2-2-4   图 2-2-5

4. 用移动工具 把网店 logo 移动到新建的"主图"画布中，摆放到合适位置(根据从左至右，从上到下的阅读习惯，网店 logo 一般常放在主图的左上角)，如图 2-2-6 所示。

5. 用鼠标把"素材-干红.jpg"素材文件拖拽至 Photoshop 主图画布中，如图 2-2-7 所示。

6. 在图片上按鼠标右键，弹出快捷菜单，选择旋转 90°(顺时针)命令，旋转放正图片，按 Ctrl+T 组合键，然后按住 Shift 键，把鼠标指针移到图片四个角的任意一个角拉伸，等比例缩放图片，调整其大小，把它放到合适的位置，按回车键确定，如图 2-2-8 所示。

图 2-2-6 图 2-2-7 图 2-2-8

7. 调整图层顺序，把网店 Logo 放到顶层。第一张主图就完成了，如图 2-2-9 所示。

8. 继续做第二张红酒背面的主图，操作方法参考第 5、6、7 步，注意红酒正面和背面的大小和位置要统一，所以需要调整第二张背面主图的不透明度，达到统一大小和位置，如图 2-2-10 所示。

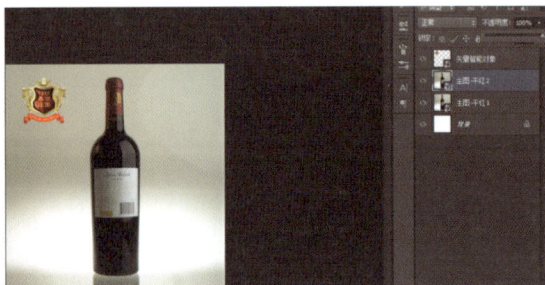

图 2-2-9 图 2-2-10

9. 统一调整好大小和位置后，把不透明度恢复到 100%，如图 2-2-11 所示。

图 2-2-11

10. 继续制作"素材-干红 3"、"素材-干红 4"，如图 2-2-12 和图 2-2-13 所示。

图 2-2-12 图 2-2-13

11. 执行"文件" → "存储为 Web 所用格式"菜单命令，或按 Alt+Shift+Ctrl+S 组合键，优化输出，选择 jpg 文件格式，勾选优化选项，输出品质数值设为 60，如图 2-2-14 所示。

图 2-2-14

12. 设置好后，单击"存储"按钮，最终效果如图 2-2-15 所示。

图 2-2-15

五、上传主图

1. 登录淘宝网站，进入卖家中心，把所做主图存入图片空间，如图 2-2-16 所示。

图 2-2-16

2. 选择编辑宝贝详情，在宝贝主图选项中选择图片空间里的干红主图，如图 2-2-17 所示。

图 2-2-17

3. 单击"确认",最终效果如图图 2-2-18 所示。

图 2-2-18

六、美化图片

1. 在 Photoshop 里打开主图,单击图层面板,选择曲线工具,如图 2-2-19 所示.

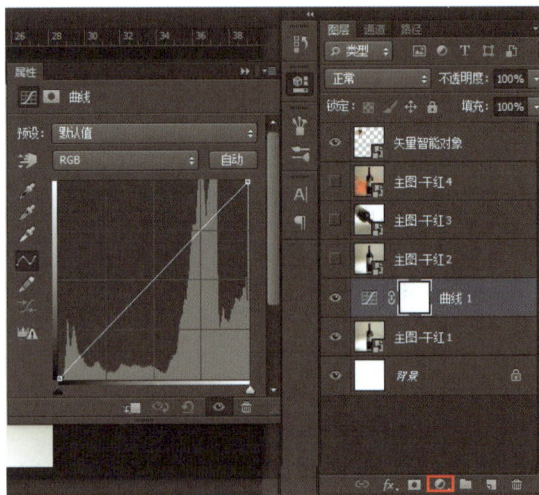

图 2-2-19

2. 调整数值①,增加图片亮度;调整暗度②,增加对比度,如图 2-2-20 所示,让色值更加饱满,视觉效果更好。

图 2-2-20

3. 当图片不清晰时，选中干红图层，执行"滤镜"→"锐化"→"锐化"菜单命令，可以让图片更加清晰，最终效果如图 2-2-21 所示。

图 2-2-21

2-2-3　主图广告的设计制作

【操作步骤】

1. 新建画布，尺寸为 800×800 像素，分辨率为 72 像素。

2. 打开素材库，选取合适的背景素材，按住鼠标左键将其拖拽至 Photoshop 主图画布中，按 Ctrl+T 组合键，按住 Shift 键等比例调整大小，把它放到合适的位置，按回车键确定，如图 2-2-22 所示。

图 2-2-22

3. 在 Photoshop 中打开"干红 1"素材，执行"图像"→"图像旋转"→"90°（顺时针）"菜单命令，让画面放正，如图 2-2-23 所示。

图 2-2-23

4. 选择快速选择工具 ，单击背景区域，建立选区，单击调整边缘按钮，调整选区边缘数值，让选区更平滑，如图 2-2-24 所示，调整好后单击"确定"。

图 2-2-24

5. 按 Shift+Ctrl+I 组合键，进行反向选择，选取干红瓶身，按 Ctrl+C 组合键，复制干红瓶身，找到主图广告画布，按 Ctrl+V 组合键，粘贴干红瓶身，按 Ctrl+T 组合键，调整干红瓶身大小，注意按 Shift 键等比例调整，将瓶身放到画布的左侧，如图 2-2-25 所示。

图 2-2-25

6. 选择文字工具 ，输入文字内容，在文字工具属性栏里调整文字大小，文本对齐方式为右对齐，如图 2-2-26 所示。

图 2-2-26

7. 选择自定义形状工具 制作促销标签,在自定义形状工具属性栏里单击"填充"按钮,选择暗红色,打开"形状"下拉菜单,选择合适的图形(若图形少可以单击下拉菜单中右上角设置按钮,选择全部,单击"追加"),如图 2-2-27 所示。

图 2-2-27

8. 回到画布中,按住 Shift 键拖动鼠标,制作促销标签,放到画布的右下角,输入促销信息,如图 2-2-28 所示。

图 2-2-28

9. 在图层面板中单击干红瓶身,按鼠标右键,打开快捷菜单,选择"混合"选项,再选择"外发光"选项,设置数值做特殊效果,如图 2-2-29 所示,用来凸显产品。

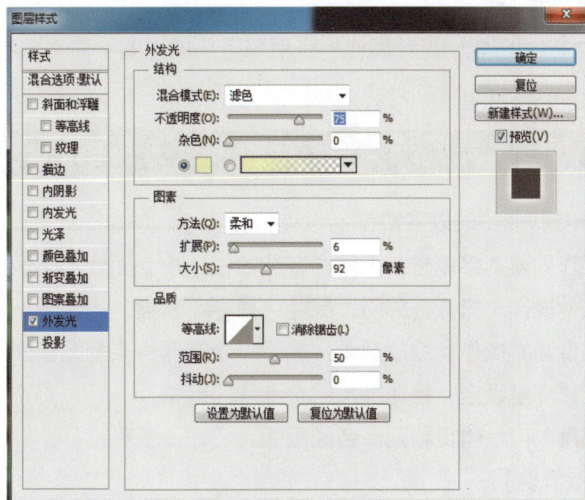

图 2-2-29

10. 单击"确定"按钮，得到特殊效果如图 2-2-30 所示。

图 2-2-30

11. 打开网店 logo，按 Ctrl+T 组合键，按住 Shift 键等比例缩放调整其大小，放到右上角处，最终效果如图 2-2-31 所示。

图 2-2-31

12. 执行"文件"→"存储为 Web 所用格式"，选择 jpg 文件格式，勾选优化选项，输出品质数值为 60，设置好后单击"存储"按钮。

实训任务

根据本节课所学，设计制作一张百事可乐的主图，注意熟练 Ps 工具的使用。

2-3 高档欧美风范女包 蒙版背景矢量图标

本节用到 Ps 中的以下知识：

1. 工作界面：菜单栏、工具栏、选项栏、控制面板、图像窗口、状态栏。

2. 文件操作：打开、关闭、保存、另存、新建。

3. 图像基本操作：缩放观看、抓手、导航器、改变图像大小和分辨率、画布大小。

4. 工作环境设定：辅助标尺、参考线、网格。

5. 图层入门：拷贝粘贴、合成画面。

【实战案例】

打开淘宝网站，在搜索栏搜索女包，会出现几百万件宝贝，可以看出它在淘宝中是一个竞争非常激烈的类目，所以对主图要求非常高，如果只简单实拍一个照片作为主图，很难吸引消费者的眼球。

2-3-1 基本操作

1. 以图 2-3-1 为例,可以看到这个主图非常简单,既没有卖点也没有文字介绍,没有吸引眼球的元素,下面通过 Ps 对其进行改造。

首先可以看到背景灰蒙蒙的,显得宝贝很旧,为此把背景变亮。

图 2-3-1

2. 用裁图工具把主图裁剪下来,启动 Ps,执行"文件"→"新建"菜单命令,Ps 会根据剪切板里图形尺寸,建立新图大小,单击"确定",按 Ctrl+V 键粘贴,得到图 2-3-2 所示结果。

图 2-3-2

3. 执行"图像"→"图像大小"菜单命令,或按 Alt+Ctrl+I 组合键,改变数值,这时可以发现原图宽度和高度不一样,不是一个正方形。继续操作,执行"图像"→"画布大小"菜单命令(改变画布大小不影响主图大小),如图 2-3-3 所示。可以看到有个黑色框,这是放大的部分,之所以出现黑框,是因为背景颜色是黑色,若背景色是红色,调整画布大小后扩充的部分就是红色。

图 2-3-3

4. 为避免出现故障，先进行保存操作，执行"文件"→"存储"菜单命令，打开"存储为"对话框，设置文件名为：女包直通车主图，选择 Photoshop(*.PSD;*.PDD)格式，此格式是可以修改的文件格式，如图 2-3-4 所示。

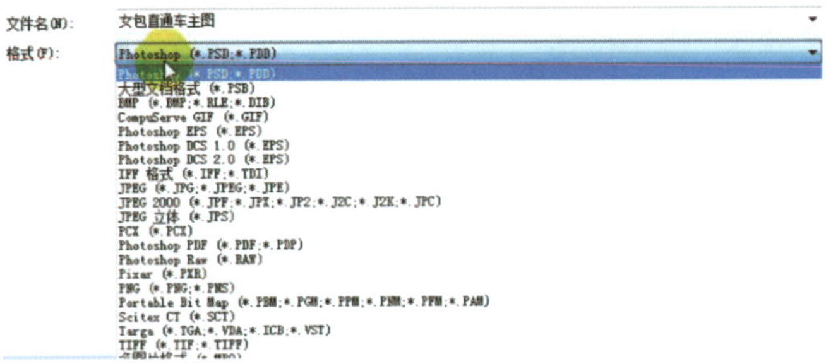

图 2-3-4

5. 因为 Ps 软件是分图层的，在图层面板选择背景层，设置前景色，选择白色，按 Alt+Delete 组合键填充前景色，如图 2-3-5 所示。

图 2-3-5

6. 选择宝贝图层，执行"图像"→"调整"→"色阶"菜单命令，或按 Ctrl+L 组合键，打开"色阶"对话框，选择白色吸管，如图 2-3-6 所示。

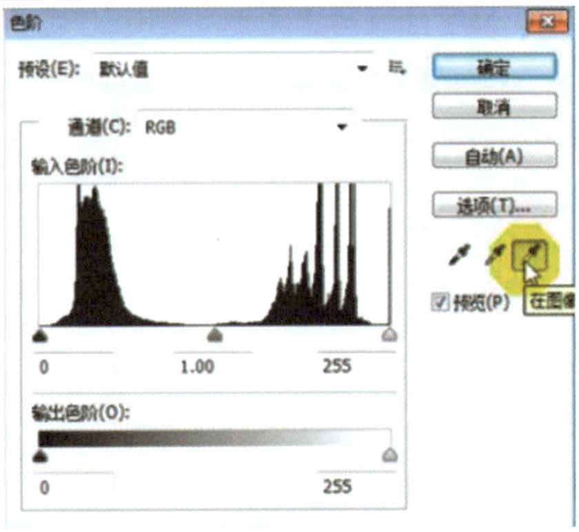

图 2-3-6

7. 单击背景区域，把背景变为白色，如图 2-3-7 所示。

图 2-3-7

8. 再次打开"色阶"对话框，继续调整数值，让宝贝的颜色更饱满，使它和背景产生强烈的对比，如图2-3-8所示。

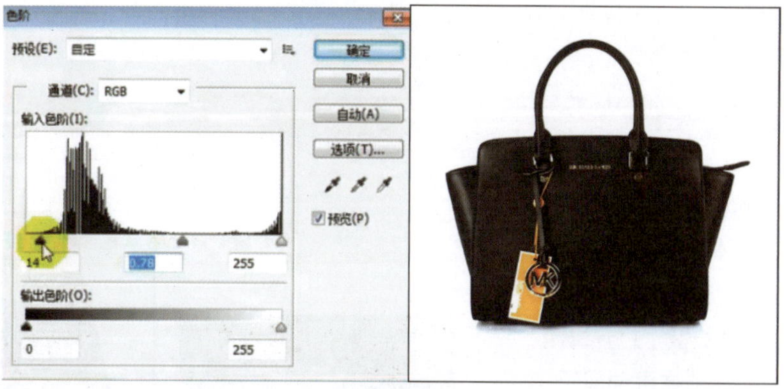

图 2-3-8

9. 选择缩放工具 🔍 (这是一个非常有用的工具，默认为放大，在工具属性栏里可以选择缩小选项)。当放大到一定程度时，可能看不到全图了，这时可以选择抓手工具 ✋,然后按住鼠标左键拖拽，就可以随意观看局部图片了，如图2-3-9所示。

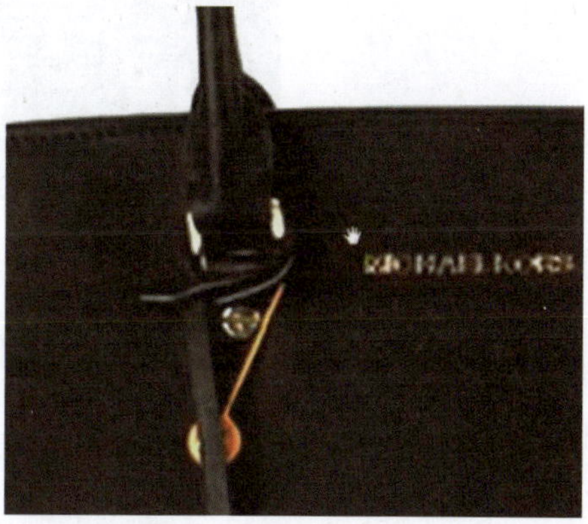

图 2-3-9

10. 若感觉这样操作不方便，可以设置快捷方式，执行"编辑"→"首选项"菜单命令，打开"首选项"对话框，选中"常规"，勾选用滚轮缩放选项，如图2-3-10所示。

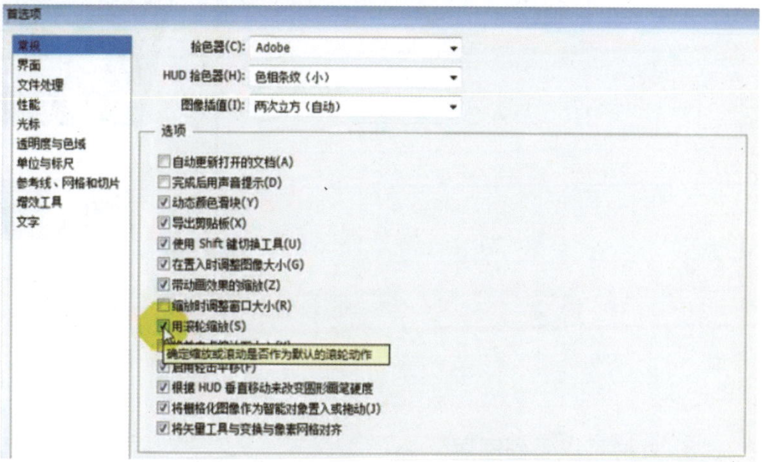

图 2-3-10

11. 单击"确定"，此后可以发现，向上滚动鼠标滚轮可以放大图像，向下滚动鼠标滚轮可以缩小图像。按住空格键不松手，拖动鼠标可以当做抓手工具来移动画面。

2-3-2　优化宝贝

【操作步骤】

1. 回到图层面板，选择图层 1 副本，按 Ctrl+T 组合键，自由变换图形，在图形上按鼠标右键，打开快捷菜单，选择"垂直翻转"，得到图 2-3-11 的右图所示结果。

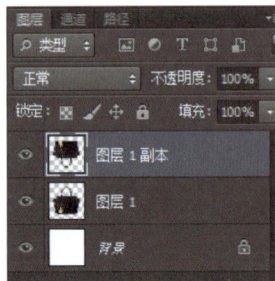

图 2-3-11

2. 选择移动工具 ，将图层 1 副本移到画布的下方，如图 2-3-12 所示。

图 2-3-12

3. 此时可以看到图层 1 副本有白色背景，可以运用抠图工具，把白色背景去掉，在图层面板中单击背景和图层 1 的图层可见性，如图 2-3-13 所示。

图 2-3-13

4. 选择快速选择工具
，在工具属性栏中设置
大小，在画布按住鼠标左键
拖动，选择背景，按住 Shift
键，添加选区，选择手柄内
的白色背景,如图 2-3-14 所
示。

图 2-3-14

5. 按 Delete 键删除选
区，按 Ctrl+D 组合键取消
选区，如图 2-3-15 所示。

图 2-3-15

6. 在图层面板中单击
背景和图层 1 的图层可见
性，用移动工具把图层1副
本移到画布下方，如图
2-3-16 所示。

图 2-3-16

7. 在图层面板中单击
图层 1 副本，调整不透明度，
如图 2-3-17 所示。

图 2-3-17

现在女包的倒影制作出来了，一个简单的宝贝优化就完成了。

2-3-3　直通车广告

以上操作只是对宝贝进行了简单的优化，在直通车广告中，为了展现氛围，还需要增加背景和相关素材，可以通过增加人物背景来烘托女包直通车，吸引消费者。

【操作步骤】

1. 在图层面板中单击背景和图层 1 副本的图层可见性，选中图层 1，选择快速选择工具，选择背景，按 Shift+Ctrl+I 组合键反选选取宝贝，在快速选择工具属性栏单击调整边缘按钮，选择视图模式为黑底，如图 2-3-18 所示。

图 2-3-18

2. 可以发现当前抠图不完美，有杂边，通过调整边缘选项来优化产品边缘，如图 2-3-19 所示。

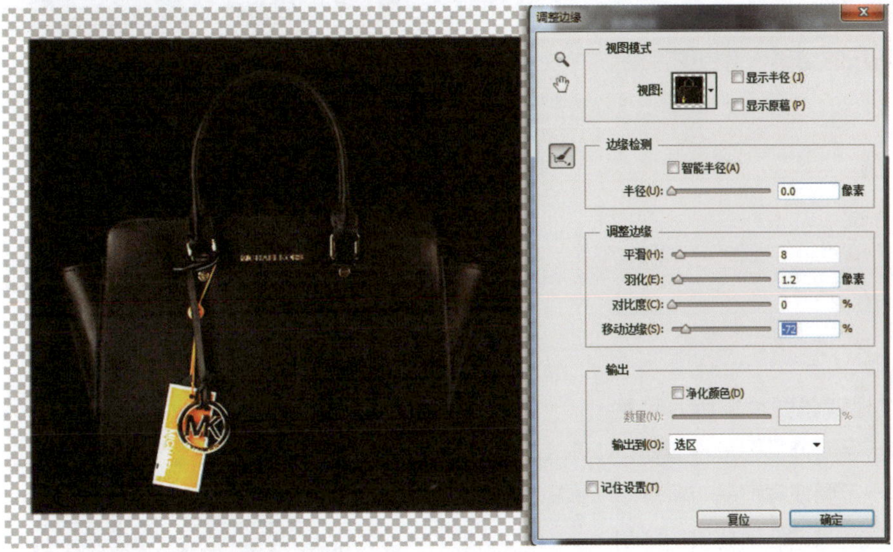

图 2-3-19

3. 单击"确定"，按 Shift+Ctrl+I 组合键反选，按 Delete 键删除背景，女包的背景就处理干净了，如图 2-3-20 所示。

图 2-3-20

4. 为了烘托气氛，找一张人物图片作为背景。

打开百度，在图片选项下搜索欧式美女，会出现很多精美网页素材图片，找到合适的图片后，复制图片，回到 Photoshop 画布中，按 Ctrl+V 键粘贴，如图 2-3-21 所示。

图 2-3-21

5. 按 Ctrl+T 组合键进行自由变换，按住 Shift 键等比例调整图片大小，得到图 2-3-22 所示的结果，背景图片就完成了。

图 2-3-22

6. 可以发现背景图片颜色为暗色系，凸显不出产品，产品图形不清晰。在实际操作中一定要注意产品与背景颜色搭配，要根据产品来选择背景，比如产品为深色系，背景尽量选择浅色系；产品为浅色系，背景尽量选择深色系。继续重复第 4、5 步，换一个浅色系的背景，如图 2-3-23 所示。

图 2-3-23

7. 要做一个完整的直通车主图，还需要增加文字，增加卖点，选择文字工具 T ，在图片左上角输入"限时折扣"，在文字工具属性栏设置文字大小和字体，单击切换字符和段落面板，调整文字间距，继续输入价格"298"，为了突出价格，做一个特殊排版效果，如图 2-3-24 所示。

图 2-3-24

8. 现在直通车主图已经基本完成。为了吸引消费者，还要继续增加店铺 Logo 或者装饰图案素材。打开素材包，找到矢量素材，用 Illustrator 软件打开，删掉无关的内容，保留所用素材，如图 2-3-25 所示。

图 2-3-25

9. 按 Ctrl+C 组合键复制店铺 Logo 图形，回到 Photoshop 画布中，按 Ctrl+V 组合键粘贴，粘贴为智能对象，单击"确定"，如图 2-3-26 所示。

图 2-3-26

10. 选择移动工具，适当调整店铺 Logo、标签素材、文字、产品的位置和大小。在移动工具的工具属性栏勾选自动选择选项，这样单击哪个图层就会选中哪个图层。当要对齐两部分的文字时，可以运用标尺工具，执行"视图"→"标尺"菜单命令，或按 Ctrl+R 组合键，操作界面将显示标尺，选择移动工具，将鼠标指针指向标尺处，按住左键拖动，会出现一条荧光色的线(称为参考线)，把两部分文字内容对齐，当不需要参考线时，可以按 Ctrl+; 组合键取消，结果如图 2-3-27 所示。

图 2-3-27

11. 选择文字工具，在标签上输入"包邮"两字，调整大小和位置，颜色选择为白色，如图 2-3-28 所示。

图 2-3-28

图 2-3-29

12. 整体观看图片，发现背景有些乱，文字部分凸显程度不够，在图层面板中选择背景，添加矢量蒙版，如图2-3-29 所示。

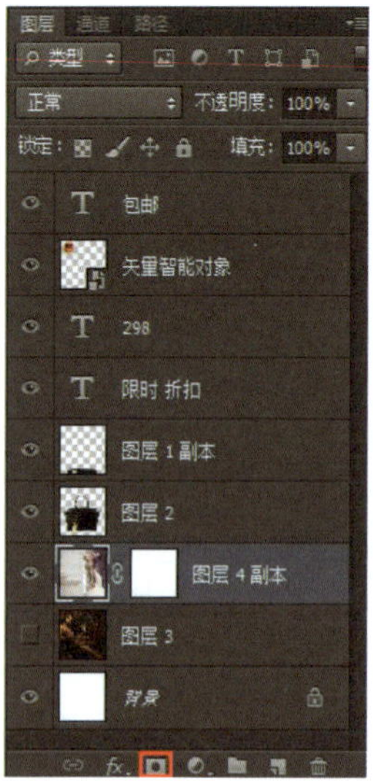

13. 选择渐变工具▢，在渐变工具属性栏单击颜色框，出现渐变编辑器对话框，调整颜色，如图 2-3-30 所示。

图 2-3-30

14. 单击"确定"，在画布中按住鼠标左键从左至右拖动，会发现欧美美女的左边部分变为透明，反复此操作淡化背景，突出产品，如图 2-3-31 所示。

图 2-3-31

15. 为突出产品，选择合适的颜色作为背景颜色，烘托产品，最终效果如图 2-3-32 所示。

图 2-3-32

本节通过一个实战案例快速学习 Photoshop 的基本操作和简单的优化、排版设计操作，带领大家感受 Photoshop 的强大功能，Photoshop 还有许多更强大的功能，我们将在以后的课程中继续学习。

实训任务

为男士手包设计制作一张带有场景背景的主图，注意构图。

2-4 动感光线 Ps 特效法 服装广告排版实战

本节主要学习以下知识：

1. 美术基础知识。

2. Ps 入门知识：选择版本、熟悉界面、裁剪、画布、辅助线、图层、文字、优化输出。

3. 学以致用，实战设计制作主图。

4. 掌握提升直通车主图单击率的要领，认识五大错误教训。

【实战案例】

作为一个新手卖家，会特别愁没有流量，想要有流量，一定少不了做广告，我们以冲锋衣为例，看一个店铺的主图，见图 2-4-1。

图 2-4-1

如果为淘宝店铺做广告，这种广告主图是不能用的，因为这只是产品的基本主图，打开淘宝网站搜索冲锋衣，可以看到真正的淘宝主图广告，会有很多吸引眼球的直通车广告主图，见图 2-4-2。

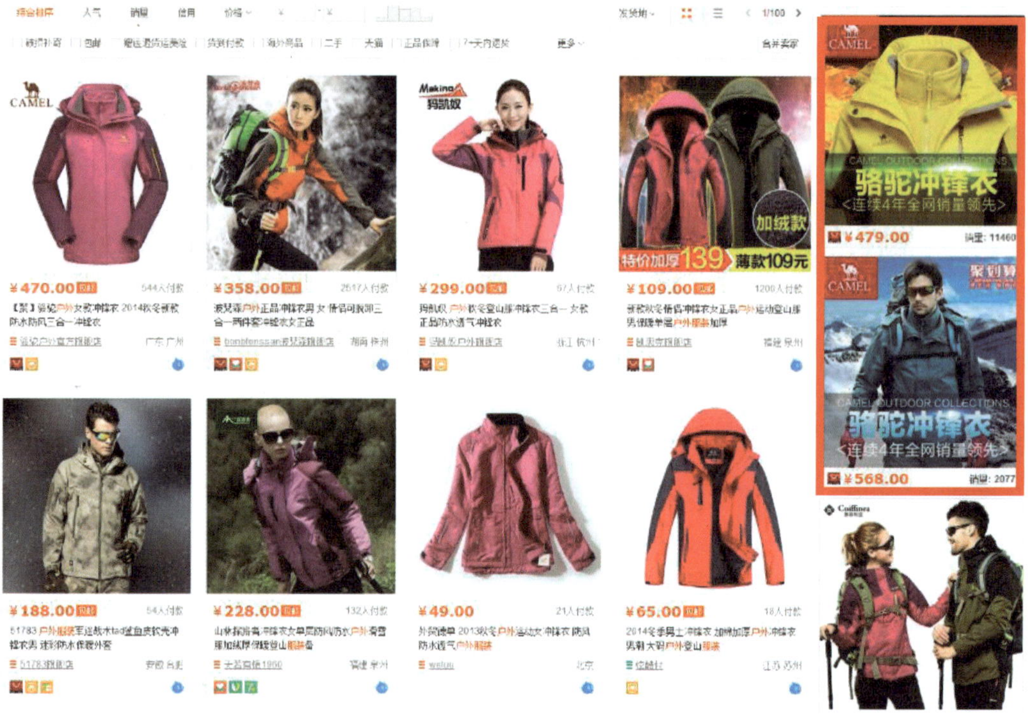

图 2-4-2

从图 2-4-2 中可以看到各种各样非常漂亮、精致、图文并茂的直通车广告主图。

仅仅用一个个产品的基础图形构作广告主图是远远不够的，这样的图形若显示在店铺里面，是没有问题的，但是要发到淘宝上尤其是当做热门类目的广告主图，就差很多了。因为没有文字卖点、特效等，不能吸引消费者眼球。下面以实际案例做一个能提升点击率的广告主图，用文字卖点、特效等来增加点击率。

【操作步骤】

1. 在 Photoshop 软件中打开"冲锋衣.jpg"素材，如图 2-4-3 所示。

下面在此图上增加文字卖点和特效，还要制作一个标价，把要素增加齐全。

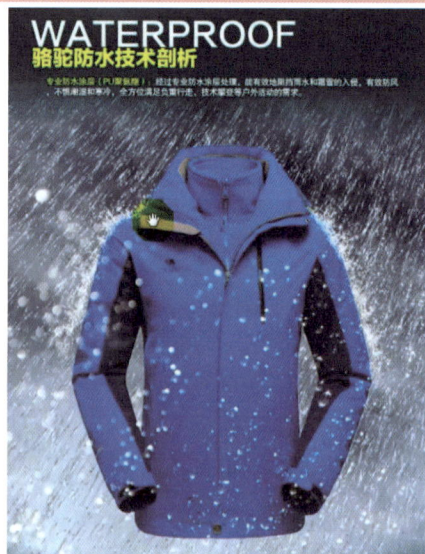

图 2-4-3

2. 打开裁剪工具 ，在工具属性栏选择 1:1 正方形，如图 2-4-4 所示。

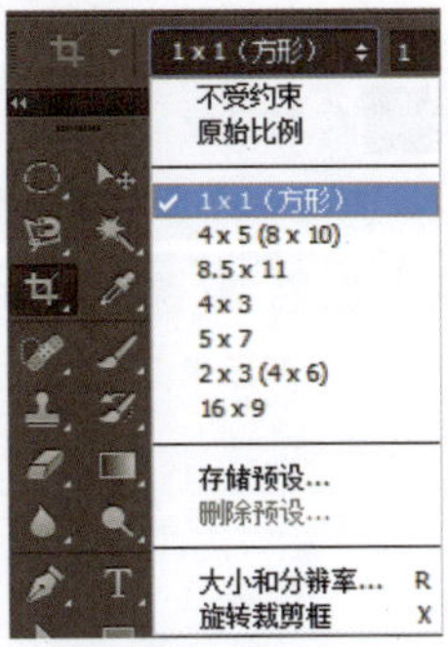

图 2-4-4

3. 双击"确定"，执行"图像"→"图像大小"菜单命令，改变尺寸为 750×750 像素，如图 2-4-5 所示。

图 2-4-5

4. 执行"视图"→"标尺"菜单命令，或按 Ctrl+R 组合键，在操作界面中显示标尺，选择移动工具，将鼠标指针指向标尺处，按住左键拖动，出现一条荧光色的辅助线，把辅助线拖放到合适位置，如图 2-4-6 所示。

图 2-4-6

5. 选择矩形工具 ，沿着辅助线按住鼠标左键拖出一个矩形框，选择跟产品相近的深蓝色为颜色，并在图层面板中调整它的不透明度，如图 2-4-7 所示。

图 2-4-7

6. 选择文字工具 **T** 输入文字，根据产品选择一个较酷的字体，选择一个跟产品对比强烈的颜色作为文字的颜色，设置文字大小，放到合适的位置，如图 2-4-8 所示。

图 2-4-8

7. 继续输入文字，增加卖点，选择不同的字体，改变文字大小，放到合适的位置（在对文字排版时，要运用排版的规则，这里主要运用秩序感，如果要用居中对齐，那所有的文字都应该居中对齐），如图 2-4-9 所示。

图 2-4-9

8. 现在图层面板中图层较多，不好管理，可以建立一个组来方便管理，按住 Shift 键选择除背景之外的图层，单击图层面板右上角的 >>，打开下拉菜单，选择新建组命令，命名为特效层，如图 2-4-10 所示。

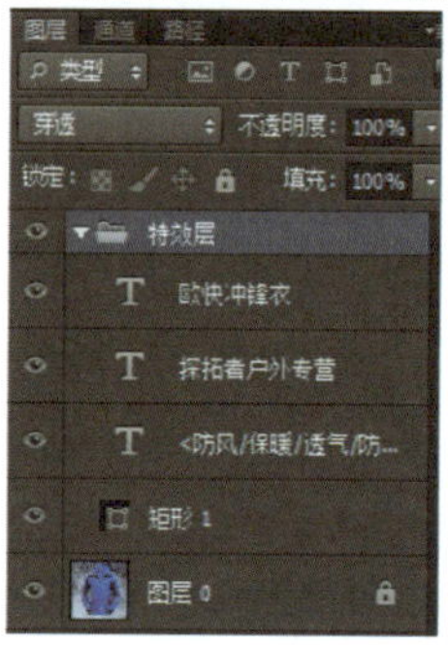

图 2-4-10

9. 新建图层，然后选择矩形选框工具 ，按住鼠标左键，拖出一个长条的矩形选框，在图层面板双击文字部分，更改命名为发光，根据产品，选择要发光的颜色，这里根据产品选择最亮的蓝色，按 Alt+Delete 组合键填充前景色，按 Ctrl+D 组合键取消选区，如图 2-4-11 所示。

图 2-4-11

10. 做一个发光效果，目的是使产品周围有质感的展现，执行"滤镜"→"模糊"→"动感模糊"菜单命令，打开动感模糊对话框，调整数值，如图 2-4-12 所示。

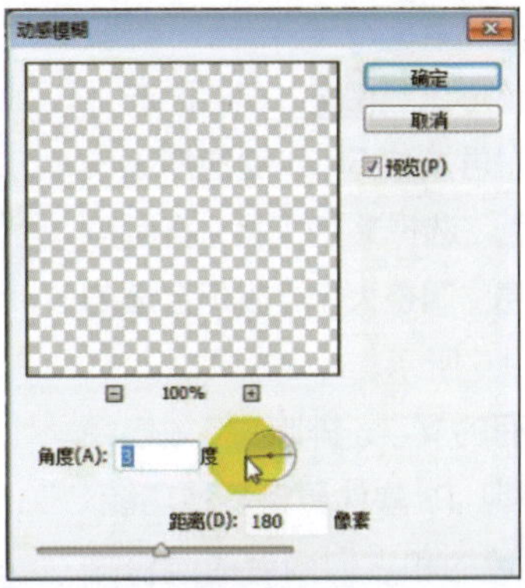

图 2-4-12

11. 复制发光图层，命名为光背景(所谓光背景，可以看做一个灯管，它可以把光扩散开来)，按 Ctrl+T 组合键，放大光背景层，如图 2-4-13 所示。

图 2-4-13

12. 这时发现图层都看不清了，回到图层面板中，调整不透明度，如图 2-4-14 所示。

图 2-4-14

13. 选择光图层，调整大小，如图 2-4-15 所示。

图 2-4-15

14. 选择椭圆形工具 ，在画面左上角按住鼠标左键，再按住 Shift 键拖拽出一个圆，选择橘黄色，选择文字工具，在圆位置处输入促销信息，调整大小，放到合适的位置，如图 2-4-16 所示。

现在整张画面的文字、排版、特效已经基本完成(可以发现，Ps 软件具备多种功能，比如文字的、图片的和它们两者的混合排版，通过一系列排版，很快就可以完成一个吸引人的主图)，下面继续进行操作。

图 2-4-16

15. 在图层面板新建一个图层，命名为光点，选择圆形选框工具 ，按住鼠标左键，拖拽出一个椭圆，因为光为白色，所以在前景色选择白色，按 Alt+Delete 组合键填充前景色，按 Ctrl+D 组合键取消选区，执行"滤镜"→"模糊"→"高斯模糊"菜单命令，打开高斯模糊对话框，调整数值，如图 2-4-17 所示。

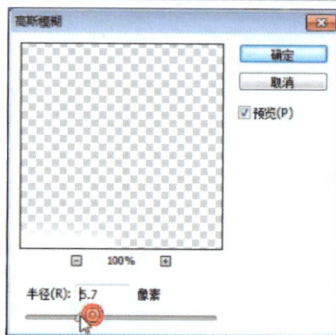

图 2-4-17

16. 单击"确定"后，继续执行"滤镜"→"模糊"→"动感模糊"菜单命令调整数值，单击"确定"，如图 2-4-18 所示。

图 2-4-18

17. 现在画面太亮了，回到图层控制面板，降低不透明度，得到最终效果，如图 2-4-19 所示。

图 2-4-19

大家可以选择不同的产品照片，根据效果，选择最合适最完美的加以利用，如图 2-4-20 所示。

图 2-4-20

本节课通过一个实战案例快速学习 Photoshop 的基本操作，通过裁剪、设计画布、使用辅助线、图层，对文字和图像排版，适当增加一些特殊效果，让主图变生动。

做好直通车广告是有一定规律的，下面看一些案例。

失败的直通车广告：

1. 乱，像牛皮癣，文字压在产品照片上，排版复杂，见图 2-4-21。

修改思路：时刻想着整体和环境。

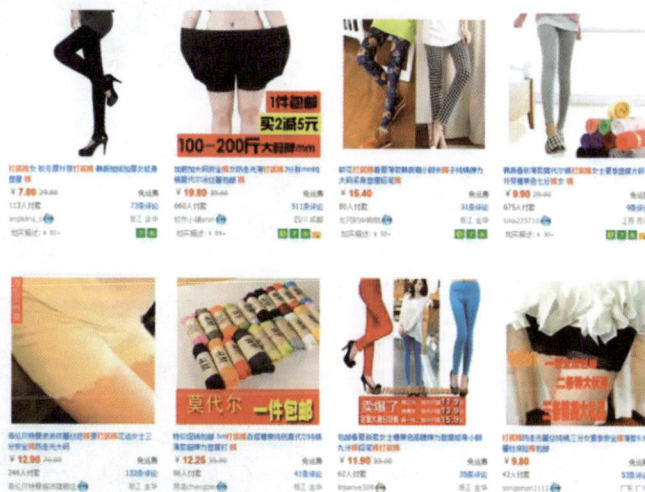

图 2-4-21

2. 不清晰，不简洁明了，一张主图放多个产品，画面复杂，见图 2-4-22。

修改思路：时刻想着在大环境里面，少就是多。

图 2-4-22

3. 不美观、拍摄差，无后期美化处理，见图 2-4-23。

修改思路：提升前期摄影质量，做好必要的后期美化处理。

图 2-4-23

4. 拼接生硬，整体感差，见图 2-4-24。

修改思路：画面要自然，利用 Ps 进行合成美化，融合衔接，忌拼凑，室内和室外要巧妙合成。

图 2-4-24

5. 背景处理不佳，不懂得把握产品与背景的对比关系，产品和背景同一颜色，见图 2-4-25。

修改思路：拉开明度、颜色的对比，清晰衬托出主体对象；画面忌乱，适当运用光影变化，引导室内、室外体验感。

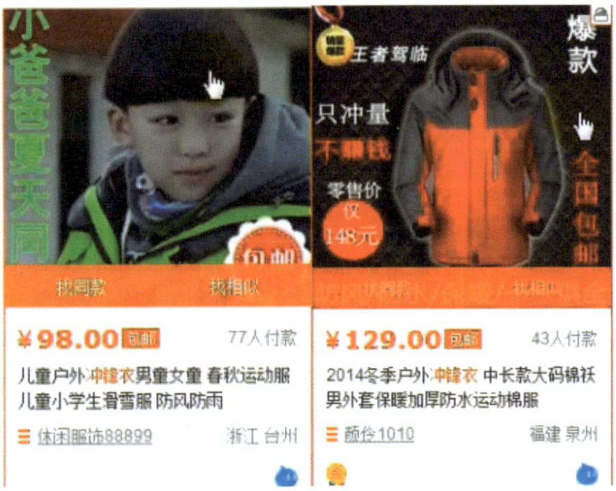

图 2-4-25

若能避免上述常见的 5 种错误，做到不出现乱、牛皮癣的画面，保证画面清晰明了，处理好拍摄环节，适当做些美化，在背景上不做生硬拼接，做些光影的变化来衬托主题，就可以出现非常好的效果，再增加些特效，画面就会变得生动起来。

实训任务

制作一张帐篷的直通车主图，注意直通车主图设计要求，避免出现五大错误。

2-5 图文排版蒙版合成 描边法制作化妆品广告

本节主要学习以下知识:

1. 实操入门:认识界面,学习裁剪、画布、辅助线、图层、文字、优化输出等操作。

2. 技能提升:图层基础、文字输出、优化输出。

3. 直通车主图实战,提升点击率。

【实战案例】

以化妆品为例。为了引导消费,应该做哪些展示呢?先看一下优秀卖家如何做广告主图。打开淘宝网站,在搜索栏里输入"卸妆",搜索用来卸妆的产品,会发现很多产品宝贝,直通车广告主图都非常漂亮,由此可知,这是一个热门的类目。

还可以观看不同产品的广告主图,通过实际观看,可以总结出制作直通车广告主图的 5 种排版版格式,如图 2-5-1 所示。

图 2-5-1

第一种排版格式(布局设计解码同图 2-5-1)

这是最常用的排版格式,网店 Logo 和文字左对齐,见图 2-5-2、图 2-5-3。

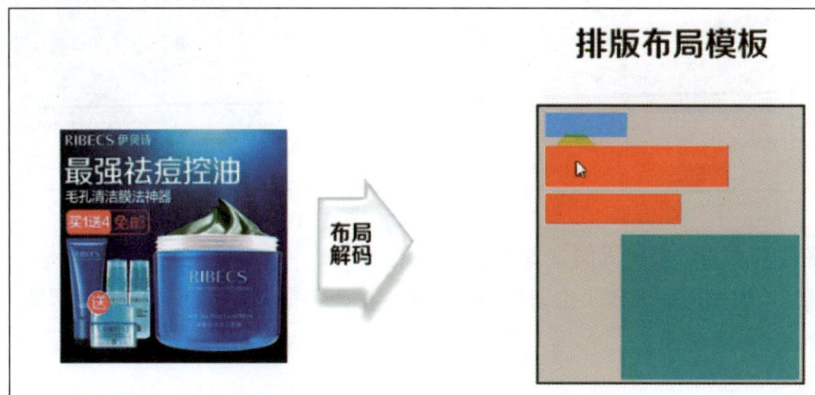

图 2-5-2

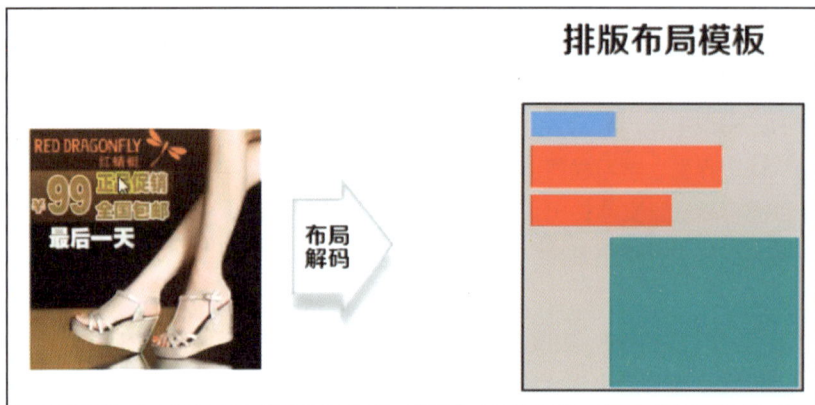

图 2-5-3

第二种排版格式(布局设计解码同图 2-5-1)

　　这是一种上下排版格式，文字居上或居下或上下都有，在文字底部添加色块，产品放在中间，这种排版格式一般会省去网店 Logo，见图 2-5-4、图 2-5-5。

图 2-5-4

图 2-5-5

第三种排版格式(布局设计解码同图 2-5-1)

　　这种格式在画面中增加圆形元素，主图都是正方形，加入圆形元素，会让画面变得非常醒目，提升画面对比效果，见图 2-5-6、图 2-5-7。

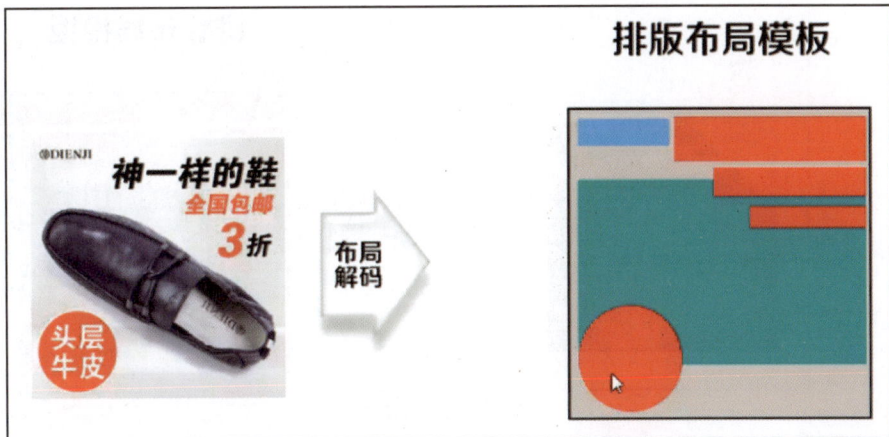

图 2-5-6

图 2-5-7

第四种排版格式(布局设计解码同图 2-5-1)

这种格式在画面四个边角处增加一些倾斜的元素,通过添加鲜亮的颜色来增加对比,吸引消费者,见图 2-5-8、图 2-5-9。

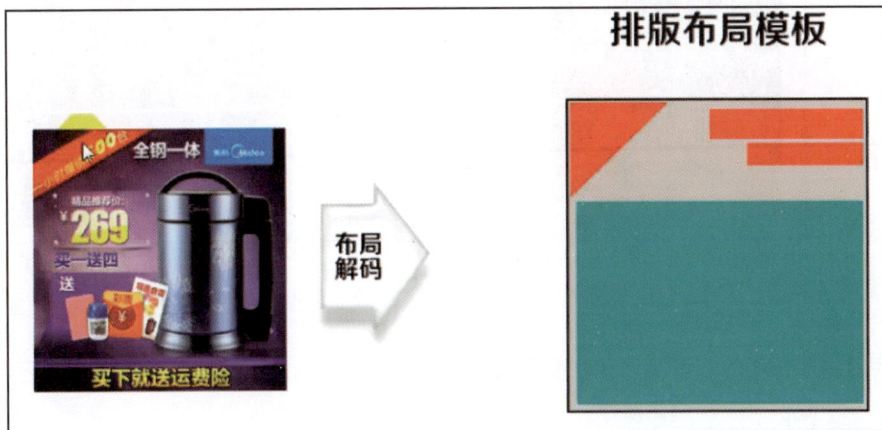

图 2-5-8

图 2-5-9

第五种排版格式(布局设计解码同图 2-5-1)

这种格式中，文字统一倾斜，用来吸引消费者的眼球，见图 2-5-10、图 2-5-11。

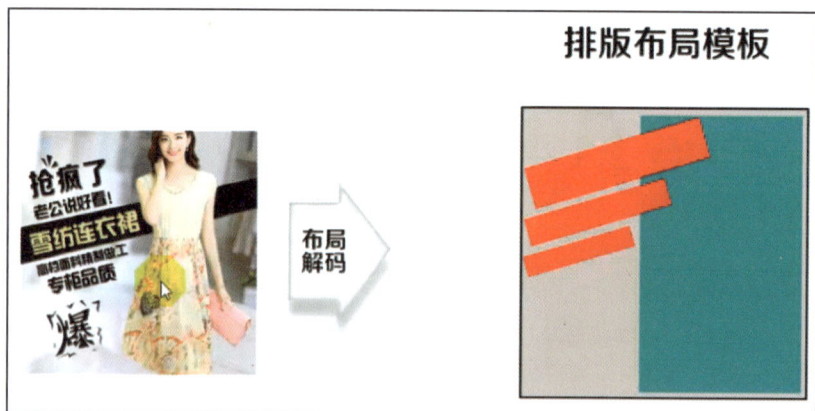

图 2-5-10

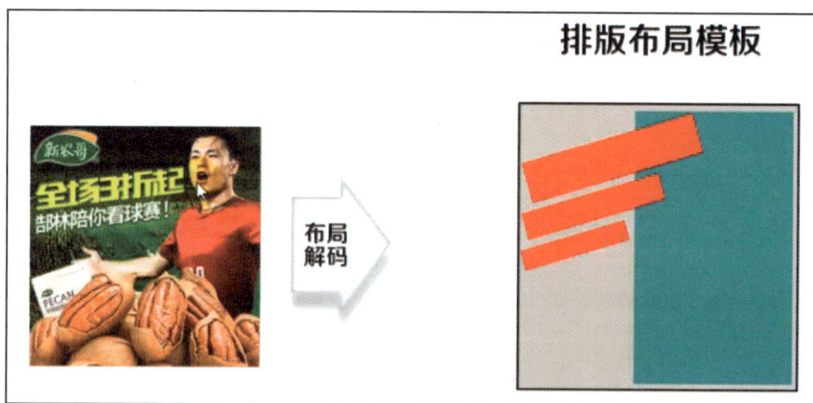

图 2-5-11

以上是淘宝中最常用的 5 种直通车主图广告的排版格式，这些排版格式不是固定的，可以相互穿插灵活运用，下面用一个案例来说明具体操作方法。

【操作步骤】

1. 打开 Ps，执行"文件"→"新建"菜单命令，新建一个尺寸为 700×700 像素，分辨率为 72 的画布。

2. 根据 5 种常见的排版方式，规划一个设计思路，首先在底部用一个色块来增加文字卖点，然后在画面上做一个圆形的价签或者促销卖点，突出对比性。单放化妆品产品会使广告显得单调，可以增加美女模特来展示产品卖点。思路整理好后，回到 Ps 进行具体操作，执行"视图"→"标尺"菜单命令，操作界面显示标尺，选择移动工具，把鼠标指针指向标尺处，按住左键拖动，出现一条荧光色的辅助线，把辅助线拖放到底部位置，如图 2-5-12 所示。

图 2-5-12

3. 打开淘宝，找到一个既有产品包装展示，又有卸妆膏的膏体展示的图片，用裁图工具裁剪主图，回到 Ps 中，按 Ctrl+V 组合键粘贴，如图 2-5-13 所示。

图 2-5-13

4. 选择矩形工具 ▭，沿着底部的参考线按住鼠标左键拖拽出一个矩形框。回到图层面板，新建一个图层，选择椭圆工具 ⬭，在空白区域按住 Shift 键和鼠标左键，拖拽出一个圆形（因为 Ps 是分图层的，若没有新建图层，这两个形状就会在一个图层上，修改起来会不方便，所以在以后的操作中，每当画一个新形状时，应新建一个图层），如图 2-5-14 所示。

图 2-5-14

5. 大致的排版已经做完，再从网络上找一个美女模特，裁剪下来，回到 Ps，按 Ctrl+V 组合键粘贴，因为要作为背景，所以按 Ctrl+T 组合键进行自由变换，变换时要注意按住 Shift 键，把鼠标指针指向四个角的任意一个角等比例放大，如图 2-5-15 所示。

图 2-5-15

6. 现在产品被挡住了，回到图层面板，调整图层顺序，把背景模特放到最底层，再选择圆形图层，用鼠标把它拖动到右上角空白处，如图 2-5-16 所示。

图 2-5-16

7. 现在画面太生硬了，继续进行调整，让背景自然融合到画面中。回到图层面板，在底部单击添加图层蒙版按钮，在图层上添加蒙版层，如图 2-5-17 所示。

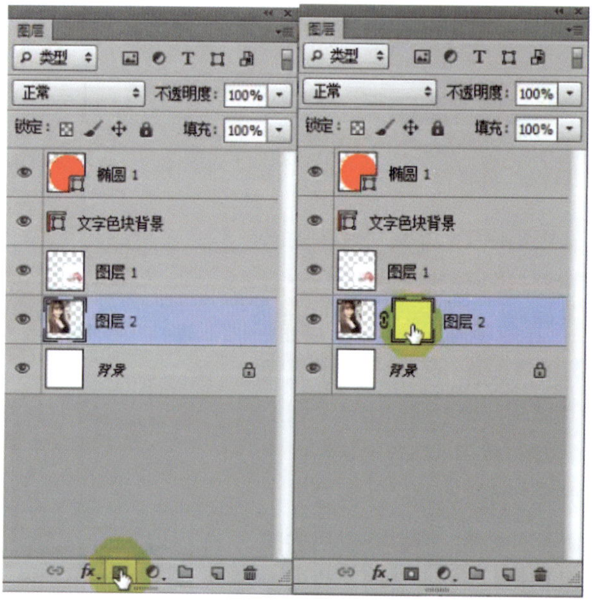

图 2-5-17

8. 选择渐变工具 ▣，在工具属性栏里编辑渐变，选择黑色到透明的颜色，然后在模特背景上用鼠标从左向右拖动，若感觉融合效果不明显，可以进行多次拖动操作，得到图2-5-18 所示的效果。

图 2-5-18

9. 现在背景在画面中的融合效果好多了，应该考虑让产品融合进画面。比较常用的方法是抠图，这里介绍一个不用抠图的技巧。回到图层面板，选择图层混合模式中的正片叠底选项，如图 2-5-19 所示（运用此选项时，要求背景为白色）。

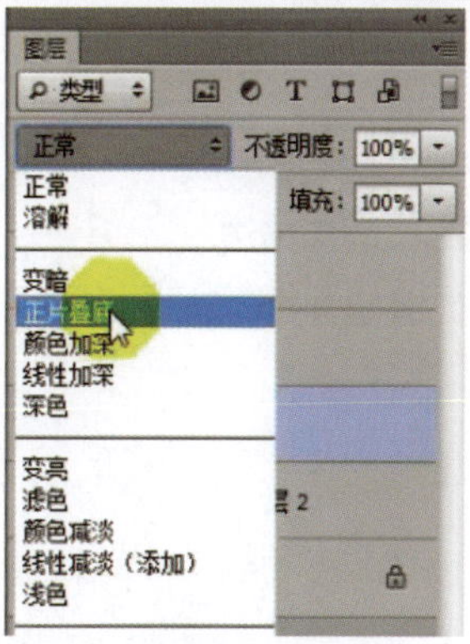

图 2-5-19

10. 选择矩形框图层，调整颜色，选择淡粉色，选择文字工具，在矩形框上输入产品文字，如图 2-5-20 所示。

图 2-5-20

11. 只简单地把文字排成一行，效果不好，不够生动，继续调整文字，选择较女性化的柔美的字体，如图2-5-21 所示。

图 2-5-21

12. 制作促销标签，选择文字工具，单击圆形处，输入"买1赠2"，对文字进行调整，效果如图 2-5-22 所示。

图 2-5-22

13. 在图层面板中单击"添加图层样式"，弹出一个菜单，选择描边，如图 2-5-23 所示，让促销标签更生动美观。

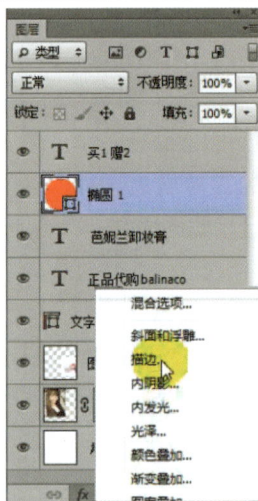

图 2-5-23

14. 在打开的图层样式对话框中，把颜色选择为粉色，调整描边大小，如果感觉单一，可以在填充类型里选择渐变，增加层次感，如图 2-5-24 和图 2-5-25 所示。

图 2-5-24

图 2-5-25

15. 现在画面中文字还不够突出，选择矩形工具，选择对比强烈的颜色，在要突出的文字处填充底色色块，如图 2-5-26 所示。

图 2-5-26

16. 把正品代购文字单独作为一个图层，调整它形成一个正方形，继续用第 13 步中提到的描边工具调整效果，底部颜色可以选择为粉色，这样会有整体感，用自由变换工具调整其大小，把它放到合适的位置，如图 2-5-27 所示。

图 2-5-27

17. 至此设计工作就基本完成了。可以看出做淘宝美工离不开 Ps 软件，用 Ps 可以做出各式各样的主图直通车广告，通过一步步的操作，能打造出画面中的细节，制作出精美的有卖点的广告图，如图 2-5-28 所示。

制作中不要摆放太多的元素，以免使画面显得很乱，文字要精简，排放要简单有层次感，第一眼看到图 2-5-28，就知道是正品，其次看到促销卖点，再是卖点文字。

图 2-5-28

18. 保存画面，格式为 PSD，这样存储的文档以后可进行修改，再执行"文件" → "存储为 Web 所用格式"菜单命令，发布到店铺中，在发布主图时，一定要注意顺序，一般来说第一张应该是简洁明快的正面产品图，而广告主图是最后一张。

本节通过设计一个化妆品主图的实战案例快速学习 Photoshop 的基本操作，重点是新建画布，运用辅助线、图形工具、图层操作中的小技巧，比如描边、混合选项、蒙版等，这些都是最基本最常用的手法，制作广告图无外乎使用这些常用的手法，用色块做广告图片，用图形工具制作一些元素，增加描边让画面更加美观。

实训任务

运用本节所学的一种排版方式或者综合几种排版方式，设计一张女士面霜的直通车主图。

2-6 主图提升时尚风格 Ps 冰裂纹及色调法

本节主要学习以下知识：

1. 掌握用 Ps 制作有时尚风格主图的设计方法，这种风格尤其适合于服装、箱包、鞋子、美妆、家具等宝贝。

2. 学会制作一种美工高级技法 —— 冰裂纹特效。

3. 用 Ps 快速排版，了解熟悉图层结构布局，会编辑替换宝贝。

4. 实战演示及要领：用 Ps 的钢笔工具绘制自由图形，用多边形套索工具巧妙绘制图形，用渐变工具设置透明过渡效果，用直接选择工具随心所欲调整路径，用色相饱和度百变调色。

【实战案例】

先看效果图，见图 2-6-1，左右两个图形对比，哪个更吸引眼球？

图 2-6-1

　　右边图形背景就是这节要介绍的冰裂纹效果，这个效果真的这么好么？我们来观看实际店铺的效果，见图 2-6-2。

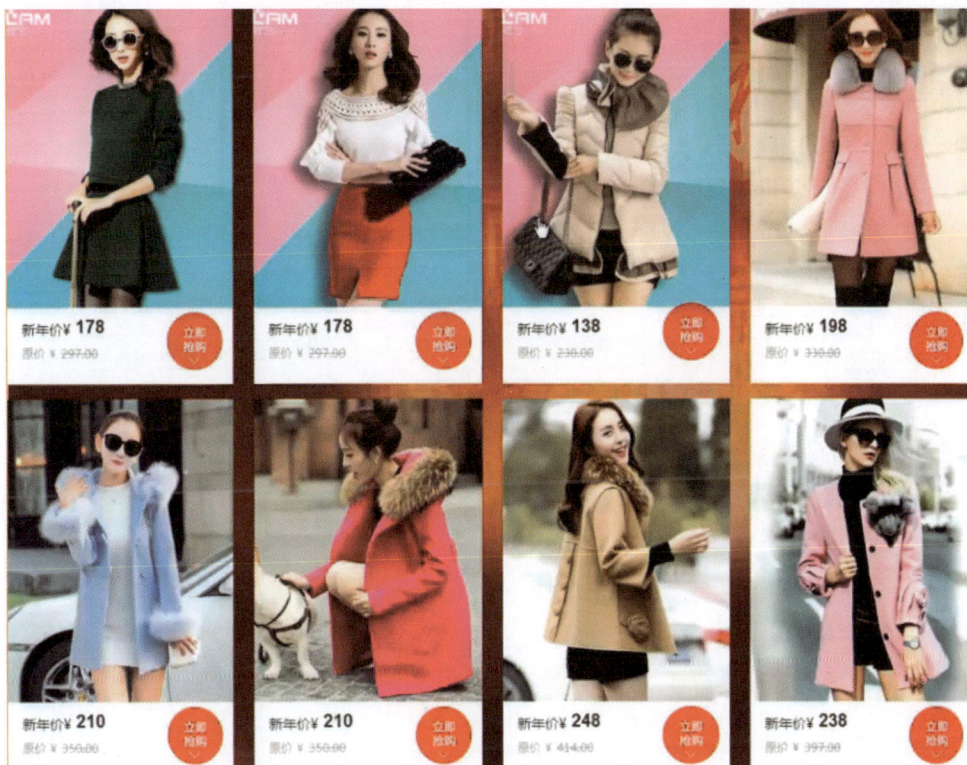

图 2-6-2

　　可以发现这种冰裂纹背景比普通背景更吸引眼球，冰裂纹背景还适合多数时尚类目，比如箱包、男装等，见图 2-6-3。

图 2-6-3

打开淘宝网站，搜索女装，可以看到有几千万件宝贝，在这种竞争非常强烈的类目里，主图是否吸引人十分重要，这次的实战案例制作一个时尚酷炫的冰裂纹背景，它既有立体感又有颜色对比感，鲜艳夺目，比其他白色背景或者实拍的背景更吸引视线。

考察图 2-6-1 的右图，其背景是一个对角线构图，把画面一分为二，使用强烈的对比颜色，使得画面特别突出醒目，下面通过实际操作，制作出该图的效果。

【操作步骤】

1. 打开 Ps，执行"文件"→"新建"菜单命令，新建一个画布，设置尺寸为 700×700 像素，分辨率为 72。

2. 执行"视图"→"标尺"菜单命令，或按 Ctrl+R 组合键，操作界面中显示出标尺，选择移动工具，将鼠标指针指向标尺处，按住左键拖动，出现一条荧光色辅助线，把辅助线拖放到四边，选择矩形工具，画出 700×700 像素的正方形，然后选择钢笔工具下的删除锚点工具，在画布的右下角单击，出现直角三角形，如图 2-6-4 所示。

图 2-6-4

3. 回到图层面板，双击直角三角形，选择粉色，如图 2-6-5 所示。

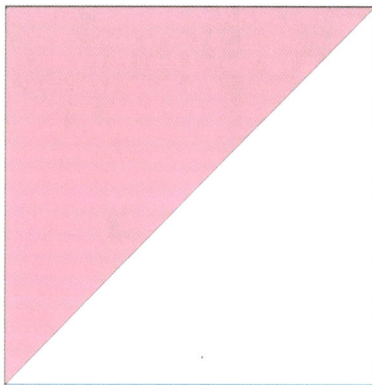

图 2-6-5

4. 在图层面板中选中直角三角形，复制该图层，按 Ctrl+T 组合键进行自由变换，选择旋转 180°，用同样的方法添加蓝色，得到图 2-6-6 所示结果。

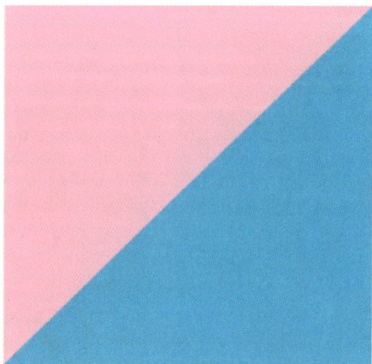

图 2-6-6

5. 选择多边形套索工具 ![icon]，在画面底部画一个不规则的形状，如图 2-6-7 所示。

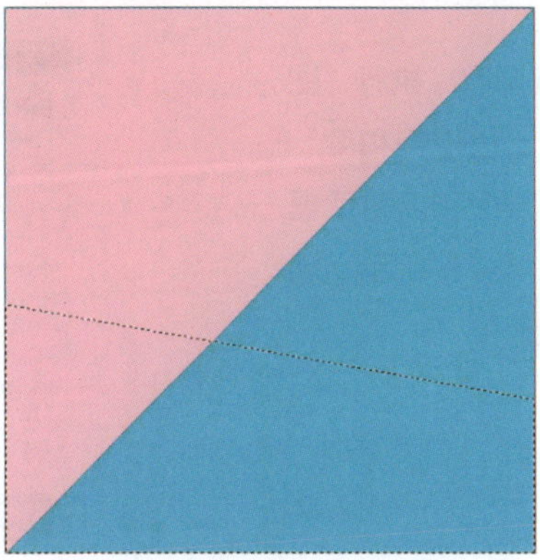

图 2-6-7

6. 在图层面板新建空白图层，选择渐变工具 ![icon]，在工具属性栏选择白色到透明的渐变颜色，在画布中拖动鼠标，从上至下画出渐变效果，如图 2-6-8 所示。

图 2-6-8

7. 现在画面显得不自然，暂时先不管，先把其他的裂纹画出，再进行调整。在相应的位置重复渐变步骤，得到图 2-6-9 所示的效果。注意，每做一个裂纹都要前都要新建一个空白图层，因为 Ps 用图层来区分不同对象，若在同一个图层上制作，以后不方便修改和制作特效。

图 2-6-9

8. 在制作冰裂纹时，白色渐变一定要有区分有对比，可以自由发挥，但要注意，画面不要太乱，要有规律性，如图 2-6-10 所示。

图 2-6-10

9. 对画面进行调整，执行"图像"→"调整"→"色相饱和度"菜单命令，打开色相/饱和度对话框调整明度，如图 2-6-11 所示，调整结束，单击"确定"。

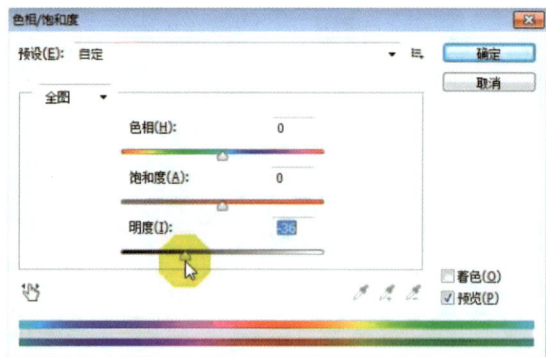

图 2-6-11

10. 在图层面板中单击图层混合选项，选择正片叠底，画面效果如图 2-6-12 所示。

图 2-6-12

11. 现在画面较暗，可以在图层面板中调整不透明度，使其更加自然，其他冰裂纹也进行同样调整，对每个裂纹应根据实际情况调整不同的明度数值，结果如图 2-6-13 所示。

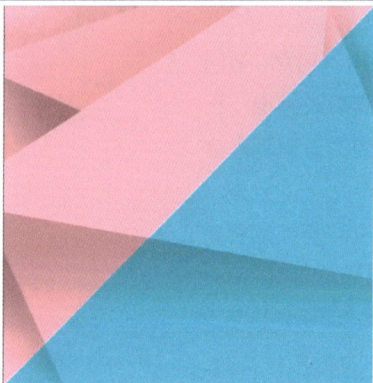

图 2-6-13

12. 现在两个直角三角形的颜色不够鲜艳，在图层面板中双击相应图层，选择更炫的颜色，结果如图 2-6-14 所示。

图 2-6-14

13. 新建空白图层，在角落处添加白色到透明，不进行正片叠底，让画面更生动美观，如图 2-6-15 所示。

图 2-6-15

14. 至此冰裂纹背景就制作完了，按 Shift 键选择所有的裂纹图层，新建一个组，命名为发光特效图层，如图 2-6-16 所示。

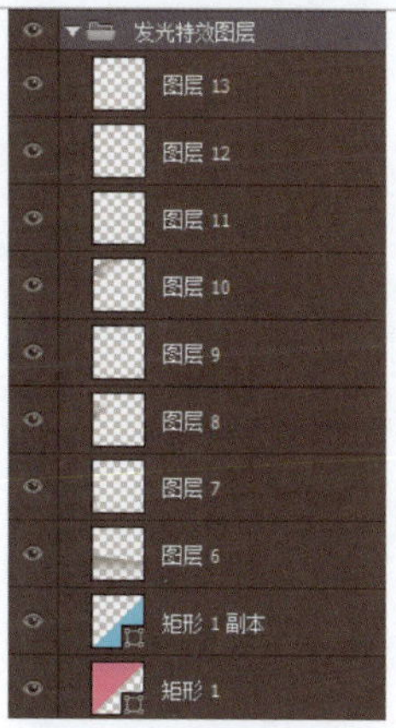

图 2-6-16

15. 找到并打开模特 PSD 素材，选中模特图层，按 Ctrl+C 组合键复制，然后回到画布中，按 Ctrl+V 组合键粘贴，按 Ctrl+T 组合键，适当调整它的大小和位置，结果如图 2-6-17 所示。

图 2-6-17

16. 在图层面板下方单击增加图层样式按钮，选择投影，调整数值，让背景和模特更自然，如图 2-6-18 所示。

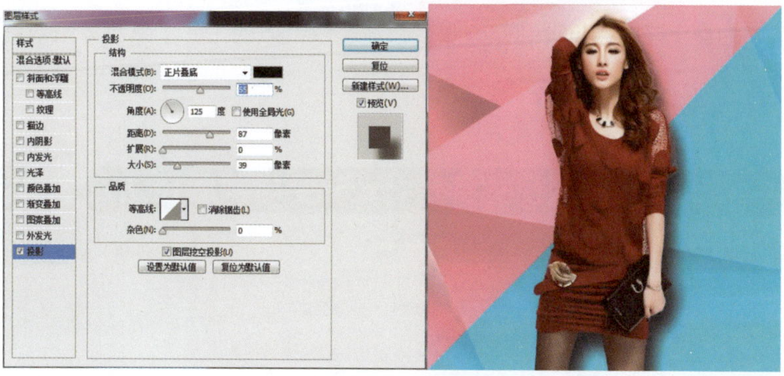

图 2-6-18

17. 上述背景也可以用于别的类目，打开女包 PSD 文件，选中模特图层，将其复制到画布中，按 Ctrl+T 组合键，适当调整它的大小和位置，添加投影，如图 2-6-19 所示。

图 2-6-19

18. 现在背景颜色跟产品颜色相似，为此需要调整背景颜色。在图层面板下方单击创建新的填充或调整图层按钮，选择色相饱和度，调整数值(注意图层顺序，色相饱和度图层应放在女包图层的下边)，如图 2-6-20 所示。

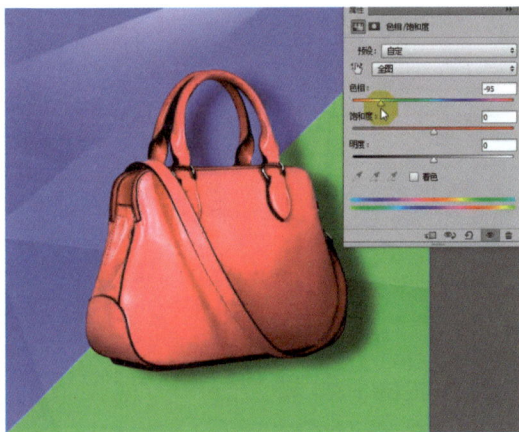

图 2-6-20

本案例到这里就结束了，给大家留一个伏笔，本案例中参考图 2-6-1 临摹背景，能不能修改呢？比如不想要这种裂片样式，用刚才的手法修改就有一定的弊端，因为所有的裂片都是图层，一调整位置，这些裂片就连不到一起了。怎样才能任意修改呢，其实还有一种方法，就是路径法，用路径制作两个直角三角形可以修改任意角度，这个课题作为作业，希望大家实践操作，掌握领悟。

实训任务

为女士连衣裙设计制作一张带有冰裂纹特效的主图，熟悉冰裂纹背景的制作方法。

2-7　卖点提炼视觉营销 Ps 渐变与蒙版技法

本节主要学习以下知识：

1. 掌握 Ps 操作技巧。

2. 学习主图排版规则和技巧。

3. 学会使用背景衬托产品，增加设计元素。

【实战案例】

先看效果图，见图 2-7-1。

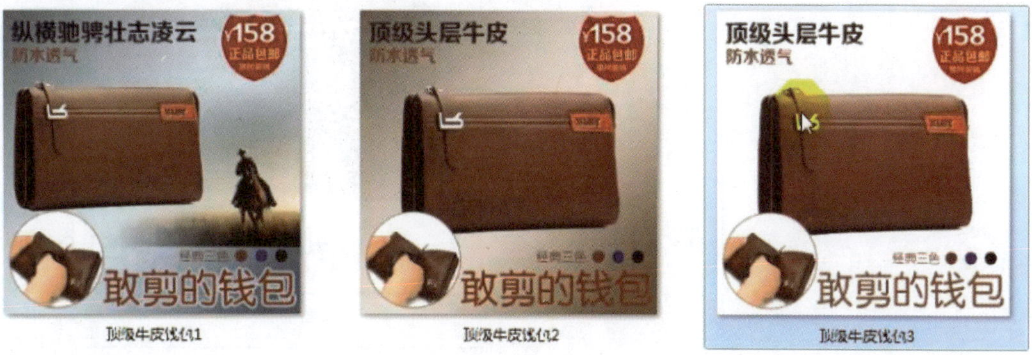

图 2-7-1

【操作步骤】

1. 启动 Ps，新建尺寸为 700×700 像素，分辨率为 72 的画布。

2. 先构思画面：设置产品主体对象，增加一个小配图，体现钱包的颜色分类、对文字排版，给出价格，这样产品的卖点就出来了。

回到 Ps，打开钱包素材，按 Ctrl+T 组合键对其进行自由变换，按住 Shift 键，将鼠标指针指向 4 个角中任意一个角，拖动鼠标等比例缩放图像，适当调整其大小和位置，结果如图 2-7-2 所示。

图 2-7-2

3. 选择文字工具 T 输入文字，设置合适的字体和颜色，如图 2-7-3 所示。

图 2-7-3

4. 继续添加文字，增加卖点，如图 2-7-4 所示。

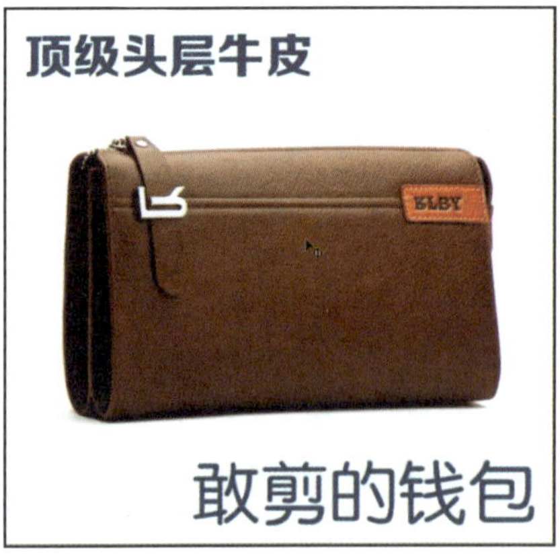

图 2-7-4

5. 选择椭圆形工具 ◯，按住 Shift 键的同时拖动鼠标，拖拽出一个圆形，如图 2-7-5 所示。

图 2-7-5

6. 在这个圆里做一个放大展示卖点的效果，打开卖点图片，将其复制到画布中，如图 2-7-6 所示。

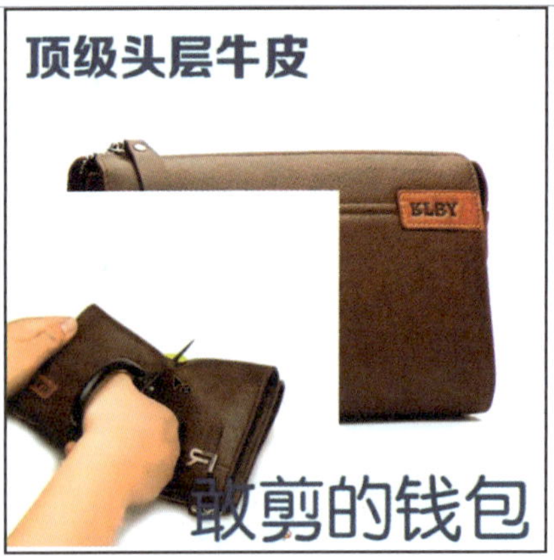

图 2-7-6

7. 按住 Alt 键，把鼠标指针指向图层面板，两个图层连接的位置会出现一个带有拐弯的箭头，如图 2-7-7 所示，单击鼠标。

图 2-7-7

8. 现在可以发现，卖点图只在圆圈区域显示，按 Ctrl+T 组合键，再按住 Shift 键，拖动鼠标进行等比例缩放，适当调整其位置和大小，结果如图 2-7-8 所示。

图 2-7-8

9. 圆圈部分不明显，为此增加一个描边效果，在图层面板下方，单击添加图层样式按钮，打开一个菜单，选择"描边"，如图 2-7-9 所示。

图 2-7-9

10. 设置描边颜色为宝贝颜色(咖啡色)，设置描边数值，如图 2-7-10 所示。

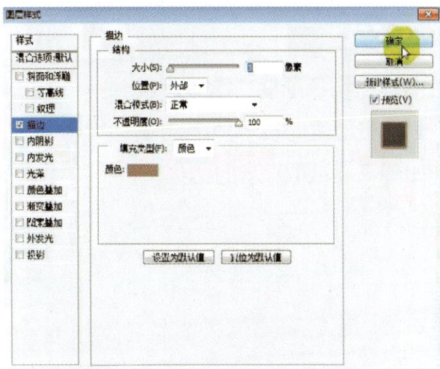

图 2-7-10

11. 选择缩放工具，根据整体画面效果，继续调整大小和位置，效果如图 2-7-11 所示。

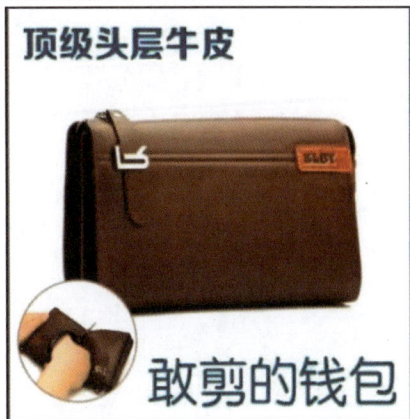

图 2-7-11

12. 选择自定义形状工具 ，制作促销标签。在自定义形状工具属性栏里单击"填充"按钮，选择暗红色；打开"形状"下拉菜单，选择合适的图形(若感觉图形太少，可以单击下拉菜单中右上角的"设置"按钮，选择全部，单击"追加")，如图 2-7-12 所示。

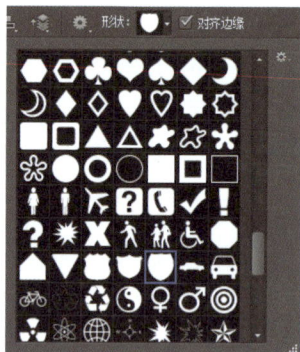

图 2-7-12

13. 回到画布中，在按住 Shift 键的同时按住鼠标左键拖动，制作促销标签，放到画布的右上角，双击图层更改颜色，输入促销信息和卖点文字，文字颜色要和标签有对比性，按 Ctrl+T 组合键，调整改变其大小，注意要按着 Shift 键等比例更改大小，结果如图 2-7-13 所示。

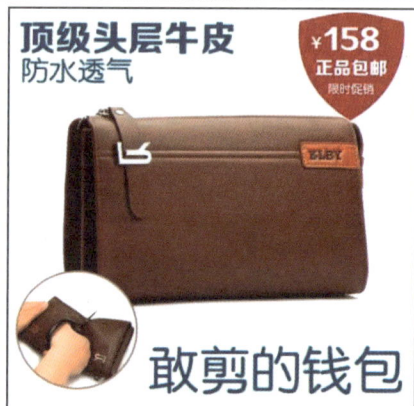

图 2-7-13

14. 选择渐变工具 ，在工具属性栏的渐变颜色中选古铜色渐变，选择背景图层，在画面上从左上角向右下角拖动鼠标指针，得到如图 2-7-14 所示的结果。

图 2-7-14

15. 选中产品图层，选择快速选择工具 ，在白色区域按住鼠标左键拖动，白色区域单独形成一个选区(快速选择工具根据相近区域选择颜色，产品颜色多样，但是背景单一，所以我们选择白色背景)，按 Delete 键删除背景，结果如图 2-7-15 所示。

图 2-7-15

16. 现在有些边缘不完整，为了让边缘更圆滑，按 Ctrl+Z 撤销操作，在工具属性栏里选择调整边缘按钮，调整羽化数值，再调整移动边缘，去掉不完整的边缘，如图 2-7-16 所示。

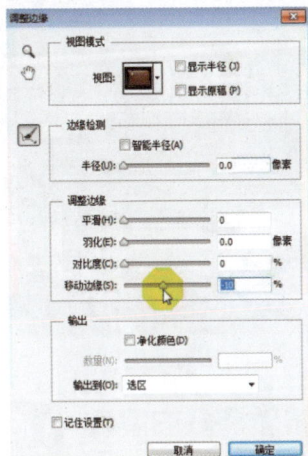

图 2-7-16

17. 现在从整体上看，背景与主图颜色相近，画面不美观，在图层面板中选择背景图层，按 Ctrl+U 组合键，打开对话框，调整明度和饱和度，如图 2-7-17 所示。

图 2-7-17

18. 为了让画面颜色搭配得更好，让色彩更协调，选择文字卖点，调整文字颜色，效果如图 2-7-18 所示。

图 2-7-18

19. 为了更好地展示产品，还需要做一个产品宝贝颜色的展示，先选择文字工具，输入文字"经典三色"，选择椭圆形工具 ○ ，按住 Shift 键的同时按住鼠标左键画出一个圆，选择和产品宝贝相应的颜色，按住 Alt 键，按住鼠标左键拖动，复制出第二个圆，双击图层，更改颜色，用同样的方法制作第三个圆，如图 2-7-19 所示。

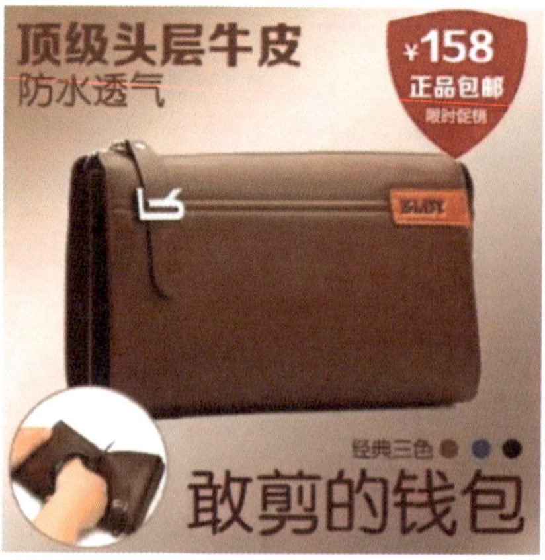

图 2-7-19

20. 现在，一个有卖点、有图形元素、有特色、吸引眼球的广告主图就完成了，按住 Shift 键单击，选中全部图层，在图层面板右上角单击，打开下拉菜单，选择新建组，命名为设计风格 1。为了更加完美，增加有人物的背景，我们想要保留设计风格 1，想要一个对比，先复制设计风格 1 图层组，把新复制的组命名为设计风格 2，打开素材背景，将其复制到画布中，调整产品的位置和大小，让画面排放得更美观，如图 2-7-20 所示。

图 2-7-20

21. 现在画面太生硬，继续调整，让背景融合得更自然。回到图层面板，单击底部添加矢量蒙版按钮，如图 2-7-21 所示，在图层上添加蒙版层。

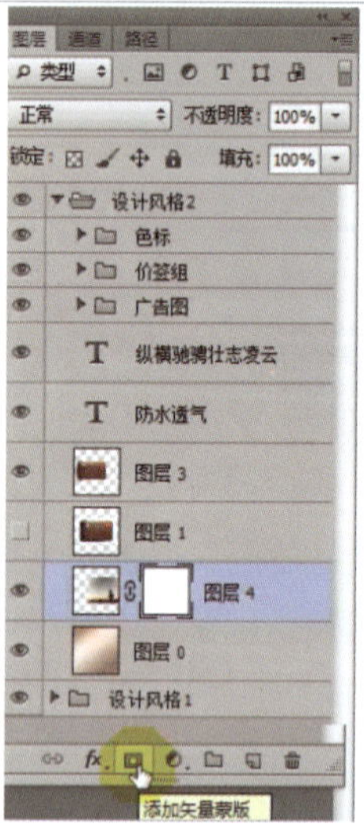

图 2-7-21

22. 对比别的图层，该图层有两个小窗口，任意单击选择窗口，会出现一个选框，现在要注意的是在图层上操作还是在蒙版上操作。若选择图层进行操作，得到正常图层操作效果，比如可以用画笔工具在图层上随意画，所画内容直接显示在图层上；若选择蒙版图层，继续用画笔随意画，可以发现颜色为黑色，因为在蒙版里只有黑、白、灰 3 种颜色，黑色是把画面遮挡掉，白色是显露出来，灰色是做成半透明状态。现在可以看到，画布里人物背景没有画上颜色，反而是画面涂抹掉了，如图 2-7-21 所示

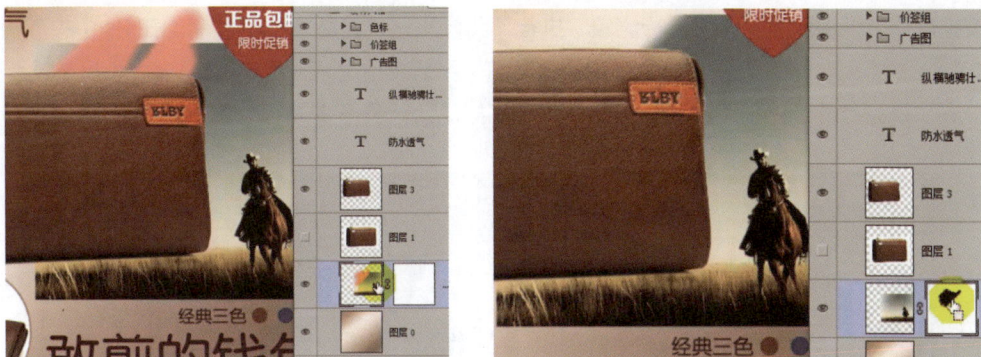

图 2-7-21

23. 选择渐变工具 ，在工具属性栏里选择编辑渐变，选择黑色到透明的渐变颜色，然后在人物背景上用鼠标从左至右，从上至下拖动，让颜色融合，若融合效果不明显，可以多次操作，效果如图 2-7-22 所示。

图 2-7-22

24. 通过单击图层面板中设计风格 1 的图层可见性，对比两种设计风格，可以发现两种风格的背景颜色差不多，为此修改背景颜色。复制设计风格 1，命名为设计风格 3，找到背景颜色图层，执行"图像"→"调整"→"色相饱和度"菜单命令，打开色相饱和度对话框更改数值，调整颜色(在色相饱和度对话框可以调整以下项目：色相，用来更改画面颜色；饱和度，数值越大颜色越鲜亮，反之越暗；明度，数值越大画面越亮，反之越暗)，如图 2-7-23 所示。

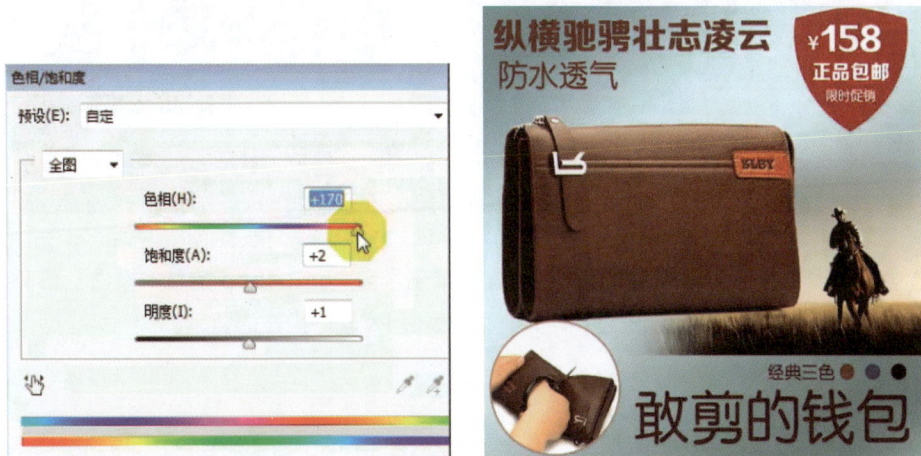

图 2-7-23

25. 改完后，可以观看前后效果进行比较，执行"图像"→"复制"菜单命令，在 Ps 中生成两个画布，执行"窗口"→"排列"→"双联垂直"菜单命令，可以平铺两个画面，若想以同样大小尺寸观看，可以执行"窗口"→"排列"→"匹配缩放"菜单命令。现在打开设计风格 1 进行对比，如图 2-7-24 所示。

图 2-7-24

26. 可以边对比边调整。现在更改调整蓝色背景的文字，找到最佳状态，找到更适合的广告主图，如图 2-7-25 所示。

图 2-7-25

本节通过对一个钱包做出 3 个不同效果背景的实战案例学习 Photoshop 的基本操作，知识点较多(见本节开始处的相关叙述)，希望大家能通过这个案例，深刻领悟 Ps 软件操作的要领。

实训任务

为男士皮鞋设计制作一张直通车主图，注意本节所学要点及 Ps 工具的使用。

2-8 视觉引导提升点击 简化背景卖点陈述

本节主要学习以下知识:

1. 掌握宝贝主图及直通车推广图的规范(正方形,长宽大于 700 像素)。

2. 认清主体与背景环境、结构及颜色一定要对比分明、醒目。

3. 掌握是否需要加店铺品牌 Logo?如何加?

4. 掌握怎样提炼卖点,匹配关键词,让视觉层次分明。

【实战案例】

先对照案例进行分析。

1. 打开淘宝网站,在搜索栏里输入女装,会出现很多产品展示,现在以图 2-8-1 为例进行讲述。

图 2-8-1

第一张主图不但展示了产品还在画面上显示了文字,比较醒目地列出了"窈窕一身"这几个字,这张主图比其他 3 张宝贝主图更吸引眼球。第三张主图就差强人意了,连最基本的白色背景都没有做到,画面灰暗,这也是人们经常会犯的错误。

下面再浏览一些页面,见图 2-8-2。

图 2-8-2

第一张主图不但展示了产品,而且在下方设置了促销文字,在展示产品的同时还展示了卖点,消费者在观看时可以看到商家的卖点。而第三张主图,不但展示了产品的样式,还展示了背心的多款颜色。

2. 主图是否应该打上品牌 Logo 的案例呢?见图 2-8-3。

图 2-8-3

　　这 3 张主图都分别设置了品牌 Logo，第二张和第三张都是裂帛女装，可以看到它们的 Logo 不一样，第三张主图属于分销产品，图中不但展示了品牌，还增加了一些卖点。如果做代理或分销产品，强烈建议对主图进行改造，这样才能与原主图有所不同，增加点击率。

　　3. 主图中还需要关键词进行匹配，见图 2-8-4。

图 2-8-4

主图要尽量和推广的关键词匹配。这 3 张主图都是镂空女装，在主图上要展示出这个特点。

　　4. 注意主图的环境，见图 2-8-5。

图 2-8-5

　　这两张主图都是女鞋，第二张主图结构清晰，与背景对比鲜明，右下方还增加了宝贝颜色条，一目了然；而第一张展示效果则不明显，整体要差很多。由此可知，产品与背景要尽量有对比性。

【操作步骤】

　　1. 启动 Ps，新建尺寸为 700×700 像素，分辨率为 72 的画布。

　　2. 打开女包素材，将其复制到画布中，按 Ctrl+T 组合键进行自由变换，在按住 Shift 键的同时，用鼠标拖动图形 4 个角的任意一个角，等比例缩放图形，调整其大小和位置，如图 2-8-6 所示。

图 2-8-6

3. 执行"图像"→"调整"→"曲线"菜单命令，打开曲线对话框，调整产品颜色，如图 2-8-7 所示，让产品有强烈的色彩对比。

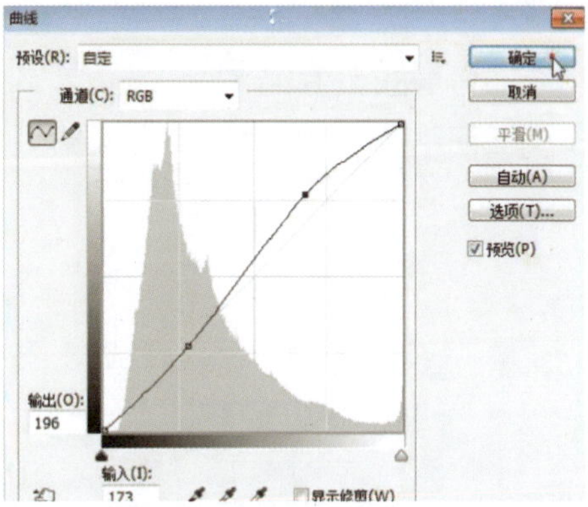

图 2-8-7

4. 选择文字工具 T ，在画面的左上角输入店面名称，选择较明显的字体，为突出文字，选择矩形工具 ▢ ，在文字的下方添加一个底色条，如图 2-8-8 所示。.

图 2-8-8

5. 设置前景色与背景色：在产品宝贝上用吸管吸取两个不同明度的颜色，选择渐变工具 ▢ ，在工具属性栏里渐变颜色中选古铜色渐变，选择背景图层，用鼠标在画面上从上至下拖动，得到图 2-8-9 所示的结果。

图 2-8-9

6. 为了使画面更具有真实感，为产品做一个特殊效果。在图层面板上选择产品宝贝，按鼠标右键，打开菜单，复制图层，出现产品宝贝副本图层，执行"编辑"→"变换"→"垂直翻转"菜单命令，把产品宝贝副本放到下方，如图 2-8-10 所示。

图 2-8-10

7. 在图层面板下方单击添加蒙版按钮，如图 2-8-11 所示。

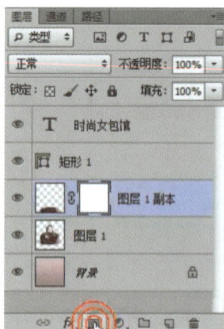

图 2-8-11

8. 选择渐变工具，在工具属性栏里选择黑色到透明的渐变颜色，在产品宝贝副本上从下至上拖动鼠标，设置渐变颜色，为了使渐变效果明显，可重复进行拖动操作，就会出现一个非常自然的产品倒影的特殊效果，如图 2-8-12 所示。

图 2-8-12

9. 执行"滤镜"→"锐化"→"智能锐化"菜单命令，打开对话框调整数值，让产品宝贝更清晰，如图 2-8-13 所示。

图 2-8-13

10. 执行"文件"→"保存"菜单命令，选择可以在以后再次进行编辑的源文件格式：Photoshop(*.psd;*.pdd)，保存文件。

11. 如果展示在店铺里，以上结果就可以了。如果展示在淘宝搜索栏中，则现在的结果还有很多不足，图中没有卖点、促销价钱、营销词等，很难吸引消费者，同样以女包为例，我们来做直通车广告。

新建画布，尺寸为 700×700 像素，分辨率为 72。

打开女包素材，将其复制到画布中，如图 2-8-14 所示。

图 2-8-14

12. 选择裁剪工具 ⊡，按住 Shift 键的同时，按住鼠标左键拖动，出现一个 9 宫格的裁剪框，注意不要把产品放到中间位置，要放到当中的 4 个交点的任意一个点上，这样使画面更生动，双击后确定，如图 2-8-15 所示。

图 2-8-15

13. 选择文字工具 ⊤，在画面右上角输入卖点文字"牛皮石头纹"，选择较明显的字体，为了突出文字，选择矩形工具 ⊡，在文字的后方添加一个底色条，选择较醒目的颜色，如图 2-8-16 所示。

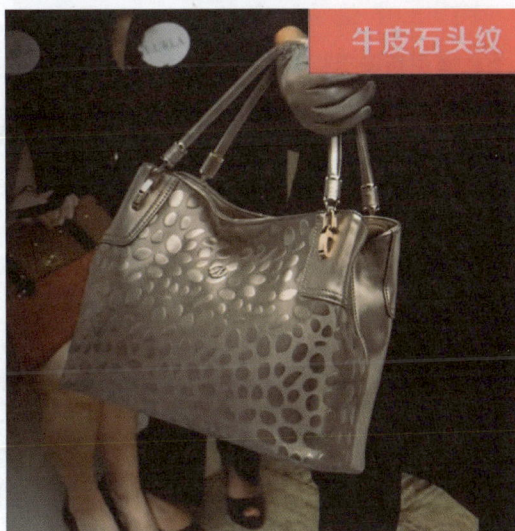

图 2-8-16

14. 为了使画面更生动，把底色条做一个特殊形状，因为原来的矩形是用矩形工具画的，它具有路径，所以选择直接选择工具 ▸，用鼠标向右拖动左下角的点，得到如图 2-8-17 所示的结果。

图 2-8-17

15. 选择文字工具，输入促销价格等，选择醒目的字体，调整大小并放到合适的位置，得到图 2-8-18 所示的结果。

图 2-8-18

16. 一个直通车框架大体就做好了，但是现在的图形还缺少层次感，卖点文字没有主次区分，为此继续调整文字的颜色、大小，结果如图 2-8-19 所示，效果就好多了。

图 2-8-19

17. 执行"文件"→"保存"菜单命令，选择可再次进行编辑的源文件格式：Photoshop(*.psd;*.pdd)，保存结果。

分析本节制作的两张图可知：如果做产品主图，一定要把产品放在第一位，清晰地展示出产品；如果做产品直通车图，就要注意增加卖点，而且要有层次感、分清主次，以吸引消费者。

实训任务

设计一张女士钱包的直通车主图，要求注意直通车主图设计的特点及产品的调色。

2-9　背景倒影发丝抠图　创意法提升点击率

本节针对不会抠图、宝贝展示太差、直通车点击率太低的问题学习 Ps 抠图技法。

本节主要学习以下知识：

1. 如何快速为宝贝置换白色背景。

2. 如何高效细致地妙用路径抠图。

3. 学习抠图并制作倒影的妙招。

4. 对美女发丝巧妙快速抠图。

5. 怎样做高点击率直通车主图。

【实战案例】

先对照案例进行分析。

打开淘宝网站，在搜索栏里输入女装，会出现很多产品的展示，如图 2-9-1 等。

图 2-9-1

有的主图放在环境当中，有的主图通过抠图处理把产品宝贝抠出来，两者之间的差别一目了然，可以看到，第二张主图里面产品几乎被杂乱的背景环境淹没了，而第三张主图中进行抠图处理后，产品展示得非常干净醒目。

再来看一组案例，见图 2-9-2。

第一张主图进行了抠图处理，非常清晰地展示出了产品，而第六张主图就显得杂乱无章，人物模特放在很混乱的背景上，虽然卖家做了 3 张产品展示，看起来还是非常乱，相比之下，第三张主图经过了抠图处理，把产品放在处理后的深红色背景中，效果非常好。

通过这些案例，大家了解到产品宝贝抠图的重要性，要想很好地展示产品，经常需要进行抠图处理，醒目地把产品展示在消费者眼前。不管宝贝好与坏，当把它放在杂乱无章的背景环境中时，原本产品的结构、材质、颜色等就都看不清楚了，这种主图都需要进行抠图等处理，以提升主图效果。

图 2-9-2

继续观察图 2-9-3。左图是一张男装照片，照片拍摄得不错，但是如果把这张照片作为主图，就会显得没有创意，比较单调；如果把模特抠出来，放到一个骏马奔腾的背景图形中，画面就生动多了，消费者看到这个图形后，能感觉到富有男性阳刚气质的穿着搭配，从而激发购买欲望。

图 2-9-3

图 2-9-4 显示了女鞋、美女发丝的抠图案例。

图 2-9-4

【操作步骤】

1. 启动 Ps ,打开腰带图片,如图 2-9-5 所示。对这类照片,不需要抠图就能把背景变成白色。

图 2-9-5

2. 选择宝贝图层,执行"图像" → "调整" → "色阶" 菜单命令,打开对话框,选择白色吸管,如图 2-9-6 所示。此后单击哪里,哪里就变为白色。

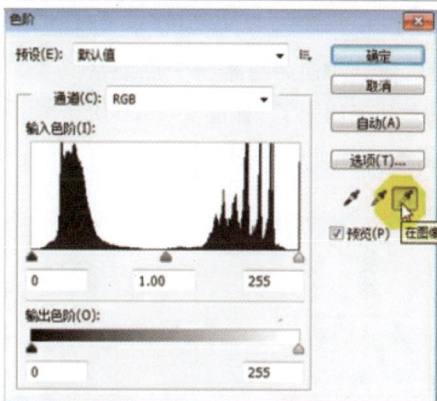

图 2-9-6

3. 单击背景区域,把背景变为白色,如图 2-9-7 所示。

图 2-9-7

4. 打开女鞋素材,如图 2-9-8 所示。这个图形画面的背景比较复杂,对这种产品本身轮廓复杂,背景也复杂的照片,要取出产品宝贝就需要用抠图工具进行操作。

图 2-9-8

5. 可以使用路径工具抠图，有两种路径工具，一种是绘制工具如钢笔工具、添加删除锚点工具、转换工具，另一种是路径修改工具，如路径选择工具、直接选择工具。现在选择钢笔工具 ，为了抠图，在工具属性栏的工具模式选择路径，放大画面，使用路径工具，每单击一次，就会出现一个锚点，沿着产品轮廓进行勾描，如图 2-9-9 所示。在勾描过程中若出现误差，可以按 Ctrl 键或者 Alt 键进行修改。

图 2-9-9

6. 将最后一个勾描点与第一个点结合后，产品轮廓就勾描出来了，如图 2-9-10 所示。若勾描得不够准确，可以选择直接选择工具进行修改

图 2-9-10

7. 打开路径面板得到产品形状的工作路径，如果希望在下次打开文件时路径还存在，可以双击工作路径图层，重新命名，路径只有在命名后，才会同文件一起保存，在路径面板下方选择第三个按钮，将路径作为选区载入，回到图层中，会出现产品选区，如图 2-9-11 所示。

图 2-9-11

8. 按 Ctrl+C 键拷贝，在 Ps 中新建画布，尺寸为 800×800 像素，在画布中按 Ctrl+V 键粘贴，得到图 2-9-12 所示的结果。

图 2-9-12

9. 使用路径工具在复杂环境中非常精准地里把产品抠出来后，下面进一步设置背景，选中背景图层，根据产品的颜色设置前景色的颜色，选择渐变工具，设置背景渐变颜色，如图 2-9-13 所示。

图 2-9-13

10. 为了使画面更逼真，做一个产品的倒影。在图层面板中选择产品宝贝，按鼠标右键，复制图层，出现产品宝贝副本图层，执行"编辑"→"变换"→"垂直翻转"菜单命令，把产品宝贝副本放到下方，如图 2-9-14 所示。

图 2-9-14

11. 在图层面板下方单击添加蒙版按钮，选择渐变工具，在工具属性栏里选择黑色到透明的颜色，用鼠标在产品宝贝副本中从下至上拖动，为图形设置渐变颜色，如果效果不明显可重复操作，这样就会出现一个非常自然的产品倒影特殊效果，如图 2-9-15 所示。

图 2-9-15

12. 因为原产品不是垂直摆放的，所以在做倒影时，需要分开来做，首先把鞋跟对齐，复制图层 1 副本，在副本 2 上再次渐变，只留鞋跟部分，如图 2-9-16 所示。

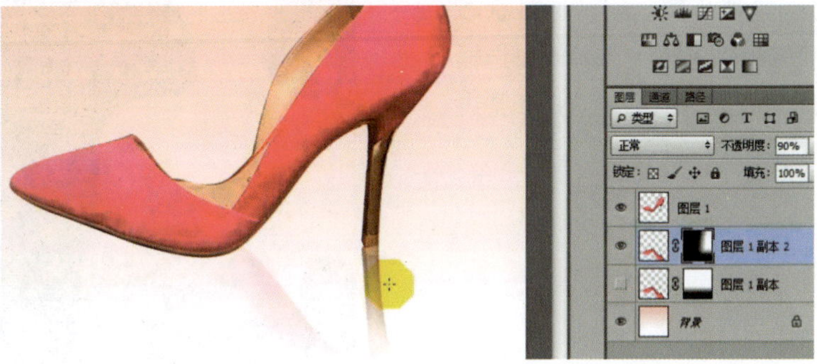

图 2-9-16

13. 选中图层 1 副本，使底部对齐，再次渐变，只留鞋底部分，如图 2-9-17 所示。

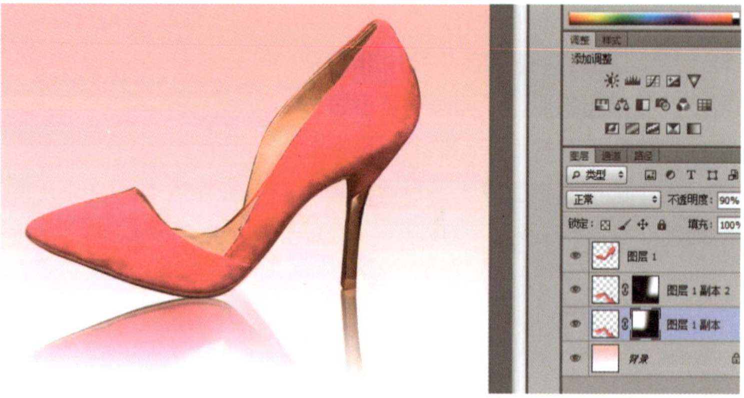

图 2-9-17

14. 执行"文件" → "保存"菜单命令，选择 Photoshop(*.psd;*.pdd)源文件格式，保存文件。

15. 打开女装素材，如图 2-9-18 所示。

16. 观察画面，这类产品的抠图难点是抠出发丝。先看其他部分，发现背景颜色单一，可以用魔棒工具大体上把模特选出来，如图 2-9-19 所示。

17. 按 Shift+Ctrl+I 键进行反选，按 Ctrl+C 拷贝，按 Ctrl+V 粘贴，得到图 2-9-20 所示的结果。

图 2-9-18  　　　　图 2-9-19 　　　　图 2-9-20

18. 放大图形后可以看到，这个图抠得不够精细，按 Alt+Ctrl+Z 键撤销操作步骤，回到选区状态下，细致进行调整，选择矩形选框工具，在工具属性栏里选择调整边缘，如图 2-9-21 所示。

图 2-9-21

19. 在画布中可以看到边缘有毛边。在对话框的边缘检测栏中，根据实际情况调整半径值，可以发现边缘柔和细腻了，选择笔刷图形的调整半径工具，在发丝部分涂抹，可以发现发丝部分被自动取出来了，如图 2-9-22 所示。

图 2-9-22

20. 继续根据画面进行以下调整。羽化：让画面与背景融合得更加自然；移动边缘：使选区边缘向内缩小，让选区更明晰。调整好以后输出，选择图层蒙版，单击"确定"，效果如图 2-9-23 所示。

21. 选择一个好看的背景，放入图层中来观看抠图效果，模特已经抠出来了，发丝部分也融合得很好，如图 2-9-24 所示。

22. 对背景相对复杂的人物模特该如何抠图呢？步骤都是一样的，这里简单进行叙述，打开模特素材 1，如图 2-9-25 所示。

图 2-9-23 　　　　　　　　　　　图 2-9-24 　　　　　　　　　　　图 2-9-25

23. 用快速选择工具大体选出背景，镂空和多选部分用多边形套索工具增加或减少，然后在选择工具属性栏里调整边缘，调整数值，达到更好的效果，选择一个好看的背景加上，如图 2-9-26 所示。

回顾这节课可知，有以下 3 种抠图技巧：

1. 对背景单一的图片，用色阶就可以把背景变为白色；

2. 对背景复杂，产品线条变换多的图片，可以用路径工具把产品抠出来，为了真实展现产品应增加倒影特殊效果；

3. 对包含模特发丝类的图片，先大体把产品抠出来，再用调整边缘按钮细致进行调整，最后抠取人物。

图 2-9-26

实训任务

替换十款产品的背景。

2-10　透气特效抓人眼球　Ps 高级排版加创意

本节介绍用 Ps 制作透气效果的方法。

本节课主要学习以下知识：

1. 欣赏 Ps 经典透气效果，分析各种手法。

2. 实战制作一个惟妙惟肖的透气特效。

3. 学习怎样巧妙布局与怎样使用色彩烘托气氛。

【实战案例】

打开淘宝网站，在搜索栏里搜索男鞋，会自动出现产品的热门辅助关键词，其中就有透气。搜索后，会出现大量的产品宝贝，怎样让我们的宝贝在众多产品中夺人眼球引起消费者注意呢？

先来观看展示的主图和直通车，图 2-10-1 所示的 4 个主图，哪一个最吸引人不言而喻。作为一个消费者，最关心的是透气舒服，第 4 张图就做了一个非常醒目的透气特效。

图 2-10-1

图 2-10-2 是一个很典型的直通车广告主图，要点很多，重点就是鞋子的透气特殊效果，很好地匹配了产品的关键词——透气。

本图中透气特效分为 3 层，由小变大，由深变浅，其中的放射部分也有层次感，如果只做一层，效果就显得不真实，没有立体感。

能否找到正确的角度也是本节课要学习的内容。

图 2-10-2

【操作步骤】

1. 启动 Ps，建立一个尺寸为 800×800 像素，分辨率为 72 的画布。

2. 打开男鞋素材，按住 Shift 键选中鞋子和投影，用鼠标把它们拖拽至新建画布中，如图 2-10-3 所示。

图 2-10-3

3. 透气的特殊效果呈白色透明，要放到深色背景中才能表现出来，因此先做一个背景。往往在夏天才特别体会透气特点，而夏天需要凉爽的感觉，因此选择冷色调的蓝色，使人联想到海边的凉爽。仅仅采用单色背景显得单调，为此做一个蓝色的渐变背景，设置浅色和深色为不同亮度的蓝色，选择渐变工具，用鼠标从左上角至右下角拖动，得到如图 2-10-4 所示的结果。

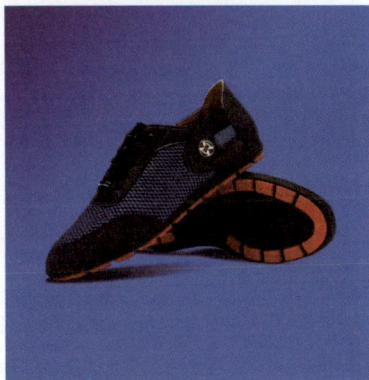

图 2-10-4

4. 为操作方便，把鞋子图层编组并隐藏起来。

现在分两部分制作透气特效，一部分用来体现放射效果，称之为气柱；还有一部分用来体现气团。

先制作气柱部分。在图层面板中新建一个图层，命名为气柱，选择椭圆选框工具，用鼠标在画布中从上至下拖出一个长条椭圆形，如图 2-10-5 所示。

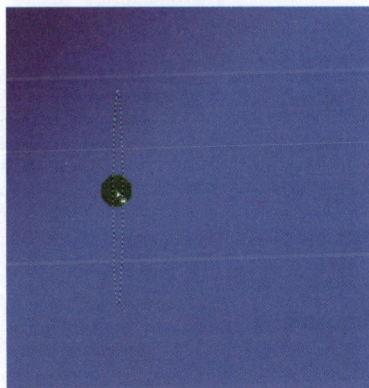

图 2-10-5

5. 在工具属性栏里选择调整边缘，根据实际情况来设置羽化数值，如图 2-10-6所示。

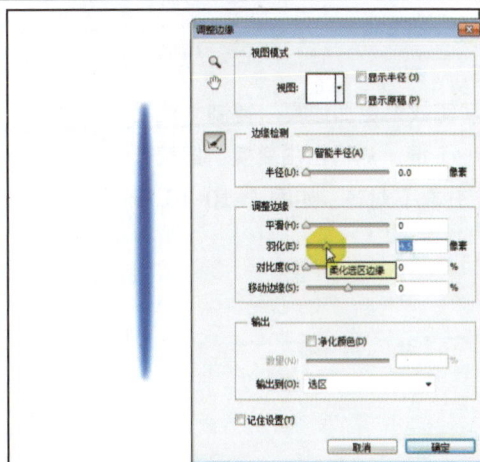

图 2-10-6

6. 单击"确定"后设置前景色为白色，按 Alt+Delete 键填充前景色 , 如图 2-10-7 所示，依此形成一个气柱的形状。

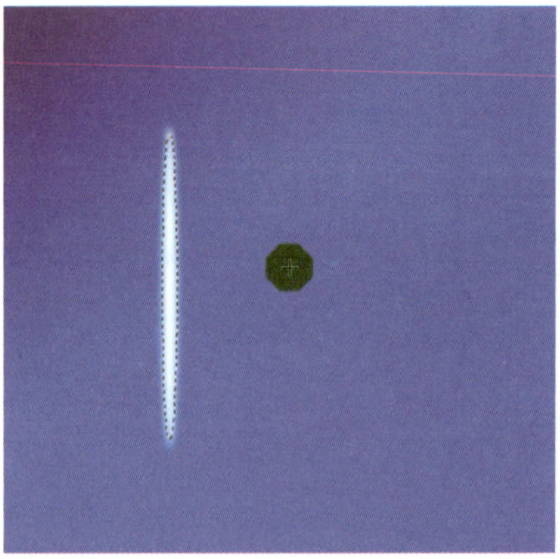

图 2-10-7

7. 在保留选区的情况下，按住 Alt 键的同时按住鼠标左键拖动它，复制气柱，因为是在保留选区的情况下进行的复制,所以它们在同一图层中，如图 2-10-8 所示。用同样的操作复制多个气柱图形。

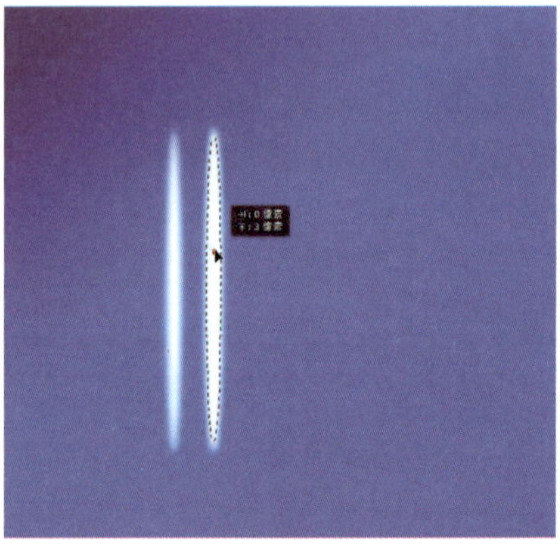

图 2-10-8

8. 为使气柱呈发射状，按 Ctrl+T 键进行自由变换，按住 Ctrl 键，将鼠标指针指向气柱左下角，向中心拖动，同样右下角也向中心移动，当两个角接近时就会出现放射状，用同样的操作把上边的两个角向外延伸，让发射效果更明显,效果如图 2-10-9 所示。

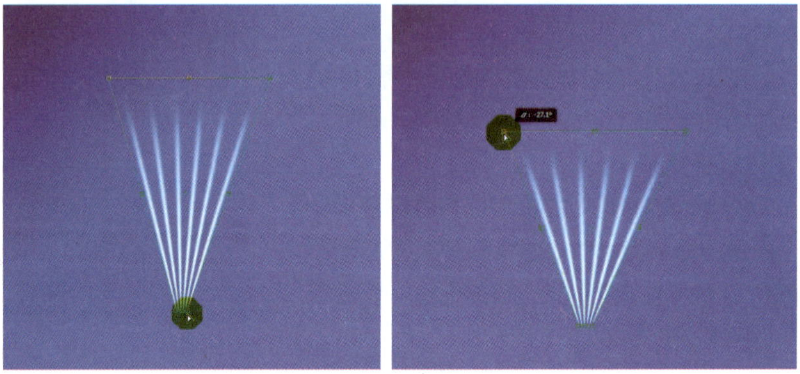

图 2-10-9

9. 为了使效果更加逼真，复制气柱图层，按 Ctrl+T 键，进行自由变换，把气柱图层调小，并靠下对齐，如图 2-10-10 所示。

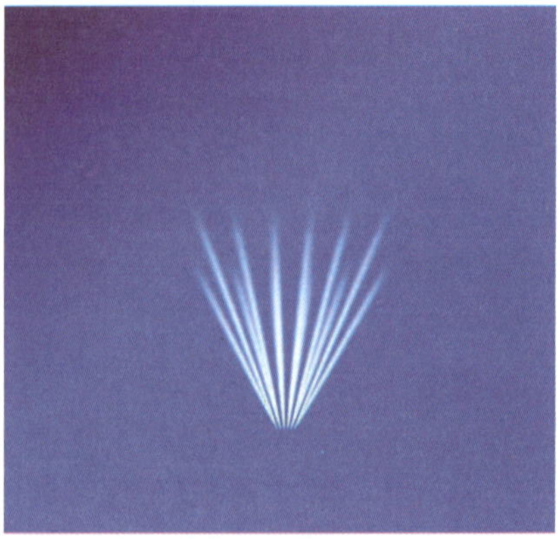

图 2-10-10

10. 选择气柱副本 1 图层，执行"滤镜"→"模糊"→"高斯模糊"菜单命令，打开对话框设置半径值，如图 2-10-11 所示。

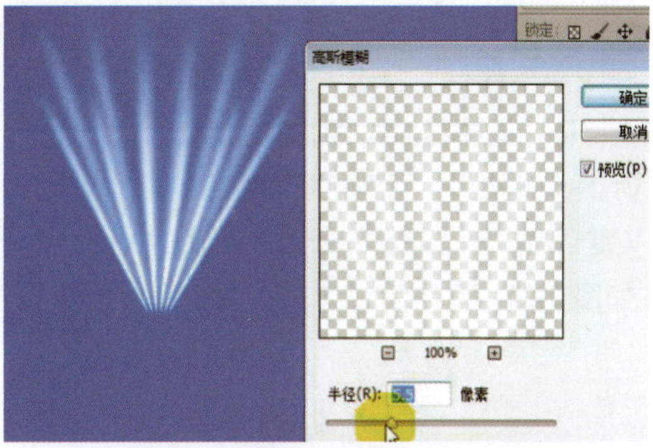

图 2-10-11

11. 按 Ctrl+T 组合键进行自由变换，按 Ctrl 键，拖动鼠标再次向外延伸气柱，如图 2-10-12 所示。

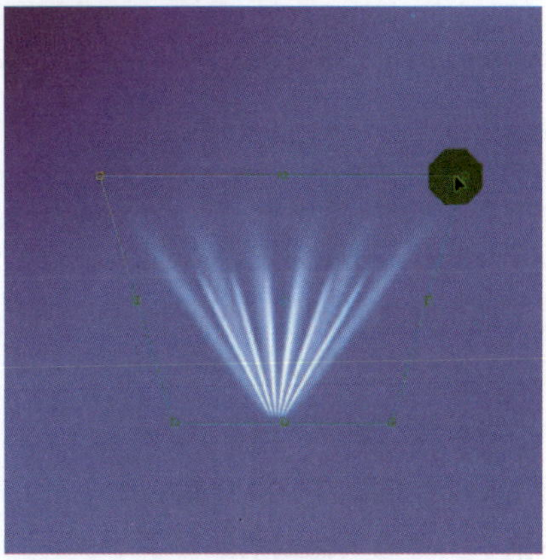

图 2-10-12

12. 在图层面板选中表示气柱的两个图层，同时调整大小到合适的形状，气柱部分就完成了，如图 2-10-13 所示。

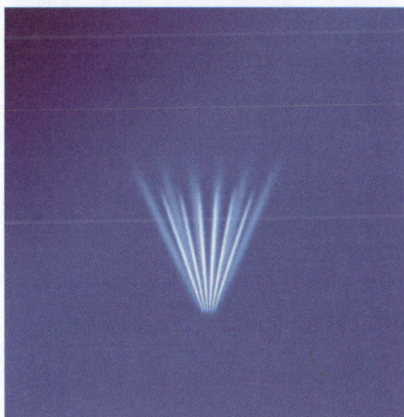

图 2-10-13

13. 为了使透气特效更逼真，从网上找一张云彩图片当做气团部分素材，在 Ps 中打开找到的云彩图片，用快速选择工具选中云彩，如图 2-10-14 所示。

图 2-10-14

14. 在工具属性栏里单击调整边缘按钮，根据实际情况调整羽化数值，单击"确定"，按 Ctrl+C 键拷贝，回到主图画布中，按 Ctrl+V 键粘贴，一个逼真的云团效果就出现了，如图 2-10-15 所示。

图 2-10-15

15. 为了增加真实感，云团部分应该有层次，先按 Ctrl+T 键进行自由变换，按住 Shift 键的同时拖动鼠标，等比例放大云团，然后复制云团，再次放大并调整不透明度，制作 3 个不同大小不同透明度的云团，并调整位置，最大的云团透明度最高，放置在最外层，调整气柱和云团的大小和位置，得到最合适的效果，一个透气特效就做好了，如图 2-10-16 所示。

图 2-10-16

16. 在图层面板中把表示透气效果的图层编成一组，命名为透气。

17. 为了以后操作便捷，复制透气组并隐藏它，留作一个备份。显示鞋子组，选中透气组，按 Ctrl+T 键进行自由变换，调整其大小和角度，并放在鞋子上，如图 2-10-17 所示。

图 2-10-17

18. 可以发现气柱部分太大了，这时想要调整就不太方便了，删除这个透气组，回到透气组副本再复制一个组进行调整(这就是为什么要留副本的原因，不然操作起来非常麻烦)，选中气柱部分，压扁缩小它，继续调整，把鞋子和透气部分调整到合适大小和位置，如图 2-10-18 所示。

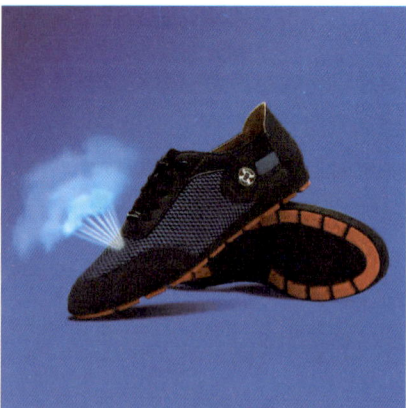

图 2-10-18

19. 选中文字工具，输入卖点文字，突出放大最重要的部分，把它的颜色设置成跟背景对比强烈的颜色 —— 橙色，让文字卖点有层次感，如图 2-10-19 所示。

图 2-10-19

20. 选择矩形工具 ▣，在画布右下方画一个正方形，再选择钢笔工具下的删除锚点工具 ✍，单击正方形的左上处，删除锚点，就会出现一个直角三角形，如图 2-10-20 所示。

图 2-10-20

21. 在图层面板上双击直角三角形图层，为了和整个画面呼应，将其颜色更改为橙色，选择文字工具输入卖点文字，为了增加对比性，把文字颜色设置为深蓝色，如图 2-10-21 所示。

图 2-10-21

22. 复制直角三角形，为了和整个画面呼应，双击它，把颜色更改为深蓝色，选择钢笔工具下的添加锚点工具 ✚，单击在三角形的中间部分，增加两个锚点，选择直接选择工具移动它，做出一个特殊的形状，如图 2-10-22 所示。

图 2-10-22

23. 选择文字工具输入促销价格，选择圆角矩形工具 ▢ ，为了突出它，制作一个底色条。为了使画面协调，颜色不要太多，调整文字和底色条的大小和位置。为了突出价格，在价格下再增加一个底色条并放大价格，制作描边、倾斜特效，使之和底色条呼应，这样一个有具体特效的直通车海报就完成了，如图 2-10-23 所示。

图 2-10-23

回顾本节内容，我们运用 Ps 制作了一个惟妙惟肖的透气效果，本节课中提到的方法可以运用到很多产品上，比如牛仔裤、床垫等。制作这类特效一定要有层次感，可以从大自然中寻找素材，画面的颜色搭配要合理美观，文字卖点要有主次，主要的文字要放大突出，选择背景颜色要注意与产品匹配。

实训任务

为女士运动鞋制作一张带有透气效果的主图，巩固本节所学的制作透气效果的方法。

2-11　虚实线条箭头 Ps 技巧做曲线发光轮廓

本节介绍用 Ps 制作线条和发光特效的方法。通过制作性感文胸主图，达到一目了然地展现"塑身、聚拢、修身、束身、提臀、减肥、瘦脸"等关键词的目的。

本节课主要学习以下知识：

1. 学会用优美的曲线展现宝贝的手法。

2. 掌握线条、箭头、发光等妙招。

3. 学习怎样通过画出迷人的曲线，吸引买家消费。

【实战案例】

先观看图 2-11-1 所示的案例。

图 2-11-1

可以看到，这些主图上通过线条、箭头、透气、曲线等手法，很好地展现了产品的关键词。

打开淘宝网站，在搜索栏里搜索束身内衣会出现大量的产品宝贝，观看图 2-11-2 所示的 4 个主图。第 4 个主图运用了箭头、透气等手法，很好地展现了产品的特性，让消费者一目了然，从而很好地吸引了消费者的视线。

图 2-11-2

运用这种特效的类目很多，如图 2-11-3 所示的具有优美曲线的牛仔裤就特别适合运用这类方法。

图 2-11-3

这种特效手法最早运用在汽车类产品上，图 2-11-4 所示的汽车的轮廓线恰恰跟产品主图上方的线条相似，这样给人以动感和美感。通过本节，希望大家能活学活这种手法。

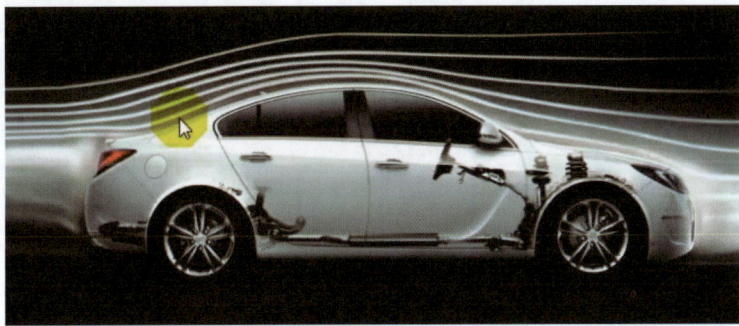

图 2 11 4

通过本节课，希望大家能活学活这种手法。

【操作步骤】

这种特效手法分 3 种，第一种为虚线线条，简洁明快地展现宝贝；第二种在第一种的基础上提升，第三种更多样化，具有发光的特效。下面按由简到难的顺序进行介绍。

1. 启动 Ps，新建一个尺寸为 800×800 像素，分辨率为 72 的画布。

2. 打开文胸原图素材，用鼠标将它拖拽至新建画布中，如图 2-11-5 所示。

图 2-11-5

3. 画曲线的最佳手法是用钢笔工具，为此新建一个图层，选择钢笔工具 ✎ ，在工具属性栏单击工具模式，选择形状，填充选项选择无颜色，描边选项选择跟产品接近的咖啡色，如图 2-11-6 所示。

图 2-11-6

4. 在画布上要展示曲线的部分画曲线，如图 2-11-7 所示。

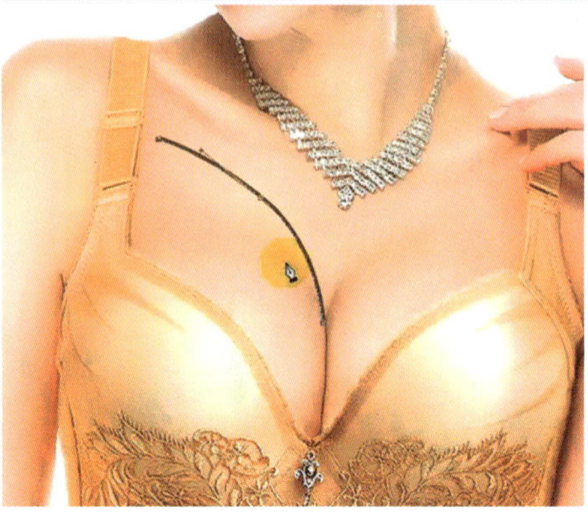

图 2-11-7

5. 现在画出的实线线条很呆板，选择钢笔工具，在工具属性栏里设置形状，把描边选项选择为虚线，刚才画的曲线就变成了虚线，如图 2-11-8 所示，这样一个漂亮的虚线线条就完成了。

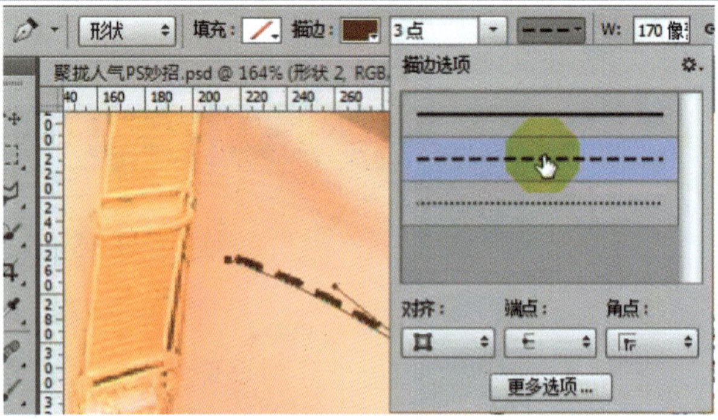

图 2-11-8

6. 进一步修改虚线中线段的间隔和长短。选择钢笔工具，在工具属性栏里设置形状描边类型，在子菜单里单击"更多"选项按钮，就会出现描边子菜单，进一步修改数值，达到最佳形状，如图 2-11-9 所示。

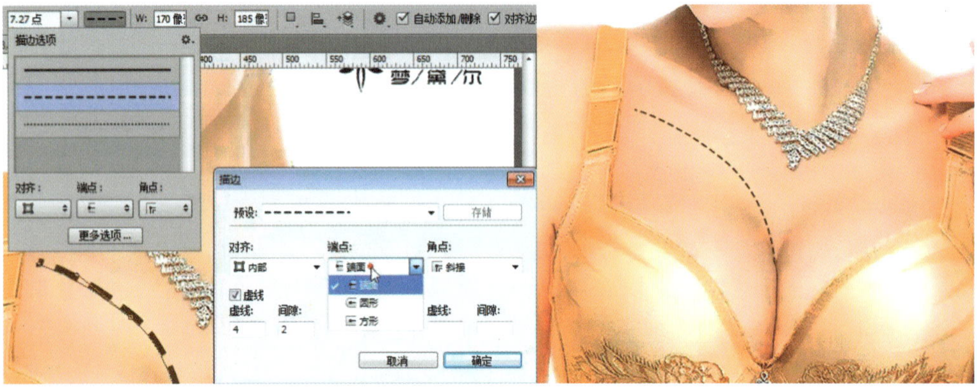

图 2-11-9

7. 在图层面板上复制虚线，执行"编辑"→"变换"→"水平翻转"菜单命令，选择移动工具，把复制得到的虚线放到合适的位置，如图 2-11-10 所示。

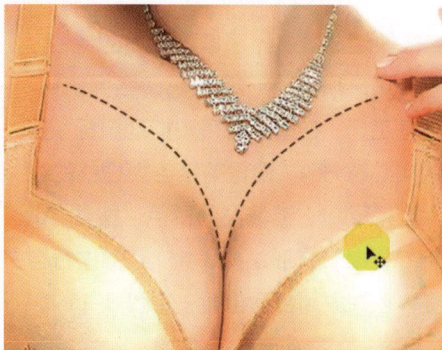

图 2-11-10

8. 合并两个虚线的尾端，让线条更自然，至此，第一种特效效果就完成了，如图 2-11-11 所示。

图 2-11-11

9. 把实现第一种特效手法的图层编成一组，复制，打开组的同时选中两个图层，回到画布中，按住 Alt 键的同时按住鼠标左键向下拖动，复制出了刚才画的两个虚线线条，如图 2-11-12 所示。

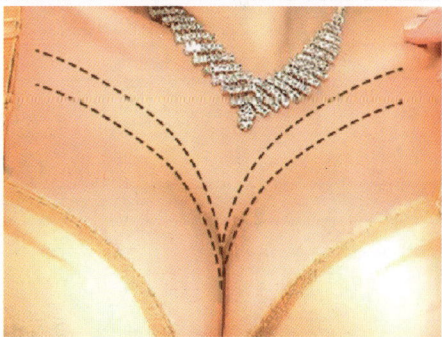

图 2-11-12

10. 选择移动工具，把 4 个虚线线条移动到下方合适的位置，以体现产品的弧度感，可以发现，上边的线条太长了，选择钢笔工具下的增加锚点工具，单击合适的位置，再用删除锚点工具，通过单击，删除多出来的锚点，得到图 2-11-13 所示的结果。

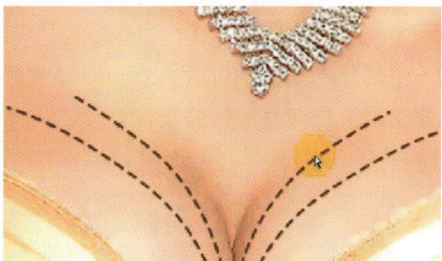

图 2-11-13

11. 细节决定成败，为了增加产品的特性，再制作小箭头用来展示。新建图层，命名为箭头，选择矩形选框工具，在虚线的顶端拖动鼠标，画一个很扁的实心长方形，设置前景色为虚线的咖啡色，按 Alt+Delete 键填充前景色，按住 Alt 键拖动鼠标，复制长方形，按 Ctrl+T 键进行自由变换，旋转它并放到合适位置，如图 2-11-14 所示。

图 2-11-14

12. 按住 Alt 键，用鼠标拖动小箭头，复制它并放到另一个虚线端点，用同样的方法制作另外两个小箭头，如图 2-11-15 所示。

图 2-11-15

13. 这样第二种特效效果就完成了，如图 2-11-16 所示。

图 2-11-16

14. 隐藏之前操作的所有图层，新建一个图层，选择钢笔工具，绘制一个月牙的图形，可以用直接选择工具进行调整，如图 2-11-17 所示。

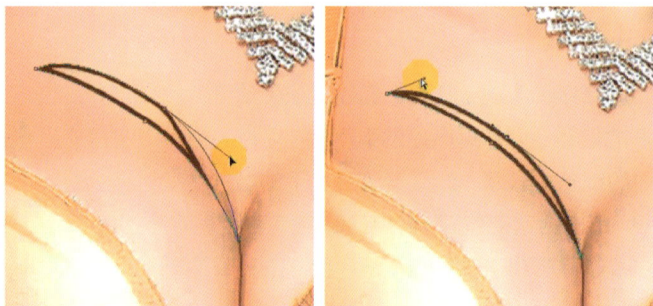

图 2-11-17

15. 在工具属性栏选择白色为填充颜色，把描边选项设置为无描边，得到图 2-11-18 所示的结果。

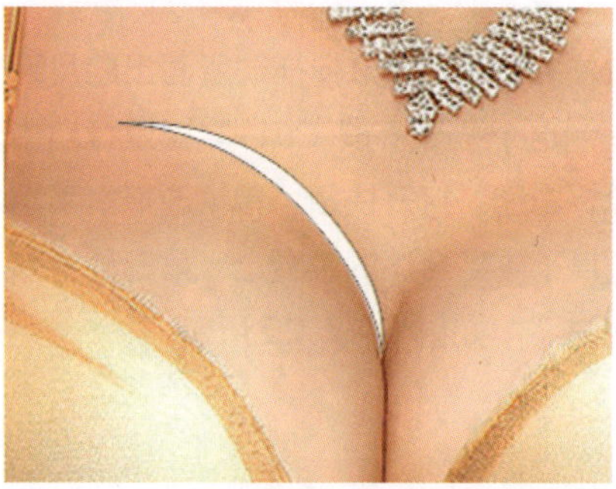

图 2-11-18

16. 单击图层面板下方的第 2 个添加图层样式按钮，打开对话框，选择"外发光"选项，为了跟产品颜色协调，从产品上选择颜色，并根据实际情况调整其他参数的数值，如图 2-11-19 所示。

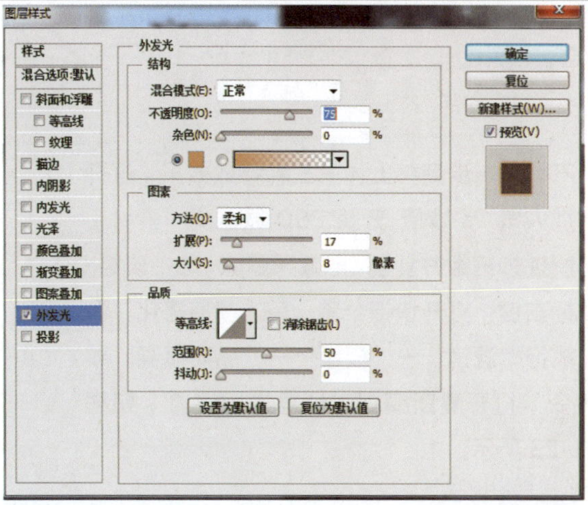

图 2-11-19

17. 选择"内发光"选项，继续进行调整，如图 2-11-20 所示。

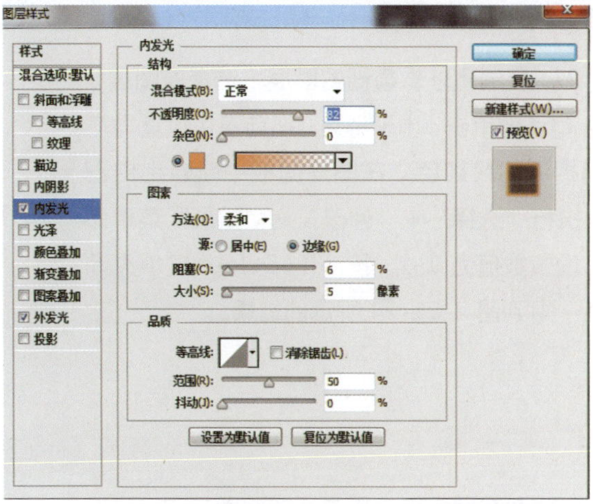

图 2-11-20

18. 经过反复调整，做出最佳效果，如图 2-11-21 所示。

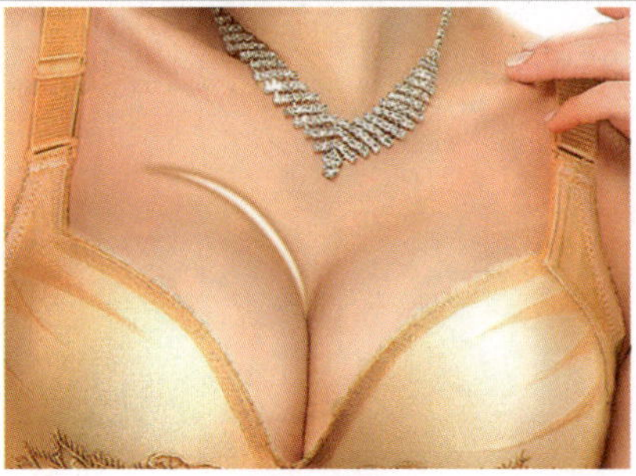

图 2-11-21

19. 按住 Alt 键，用鼠标拖动所画出的月牙形图形，复制这个图形，按 Ctrl+T 键进行自由变形，按鼠标右键，打开快捷菜单，选择水平翻转，调整角度，放到合适的位置上，第三种特效效果就做出来了，如图 2-11-22 所示。

图 2-11-22

20. 进一步完善上述第三种特效效果，打开"聚拢人气 Ps 妙招–升篇 PSD 原格式"素材，选择聚拢妙招组并复制，把效果删除，选中该组，按鼠标右键，打开快捷菜单，单击"栅格化"命令，执行"滤镜"→"模糊"→"高斯模糊"菜单命令，打开高斯模糊对话框进行设置，如图 2-11-23 所示。

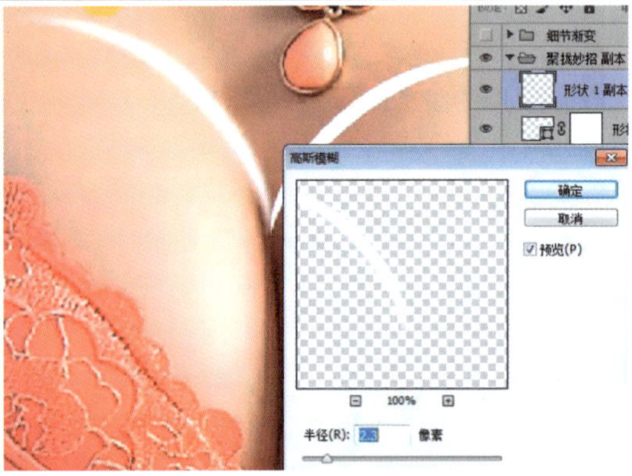

图 2-11-23

21. 复制刚才做模糊的图层，选择原图层，按住 Ctrl 键单击，出现选区，把前景色设置为产品和相近的粉红色，在图层面板中新建空白图层，执行"选择"→"修改"→"扩展"菜单命令，设置数值为 1-2，按 Alt+Delete 键填充前景色，得到图 2-11-24 所示的结果。

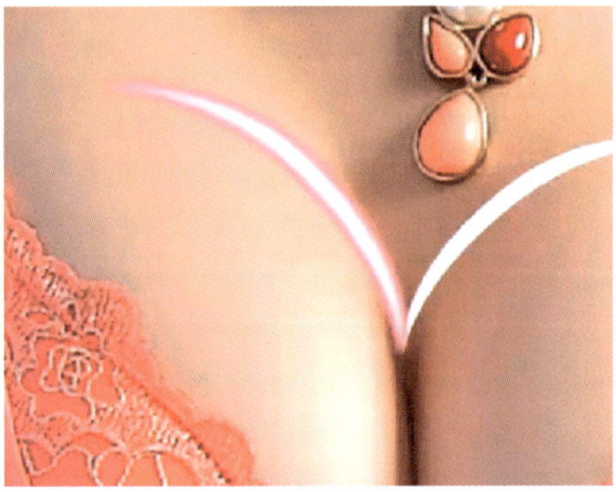

图 2-11-24

22. 在图层面板中单击添加蒙版按钮，添加一个黑色到透明的渐变，从左至右拖动鼠标，得到图 2-11-25 所示结果。

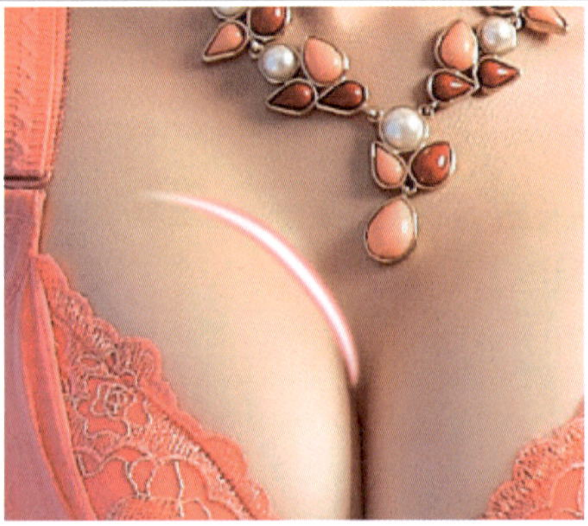

图 2-11-25

23. 按住 Alt 键拖动鼠标复制刚才制作的结果，按 Ctrl+T 键进行自由变换，水平翻转复制得到的图形，调整角度，最终效果如图 2-11-26 所示。

图 2-11-26

本节，我们学习了如何运用 Ps 制作聚拢特效效果的方法，包含钢笔路径的使用、描边虚线的调整、外发光、内发光的设置等。这类特效可以运用到很多产品上，展现产品关键词，突出产品特性，如牛仔裤、女装等，这其中要注意，选择的颜色要与产品的颜色相匹配。

实训任务

设计制作五张女士牛仔裤的主图，要求制作出线条和发光效果。

2-12　金字特效高档鎏金 Ps 技法彰显华贵风

金属质感彰显高贵，本节学习制作金字海报。

本节主要学习以下知识：

1. 用 Ps 设计金字的技法，对不同技法进行分析。

2. 实战制作一个"金字"直通车广告主图。

3. 使用光束与投影的小奥秘。

先观看图 2-12-1 所示的案例。

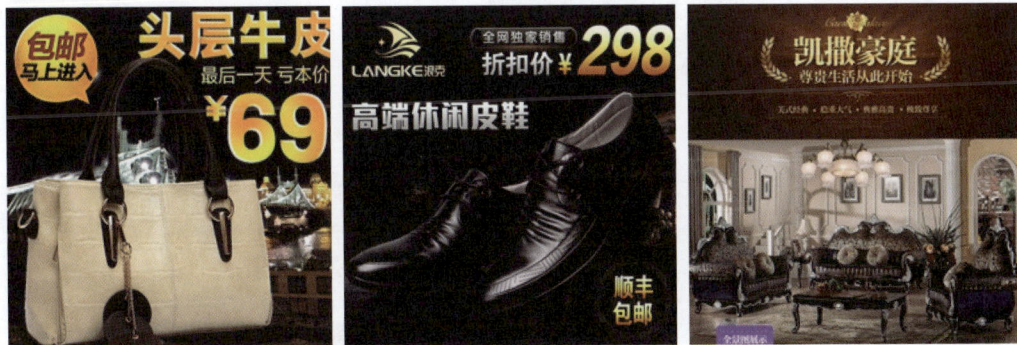

图 2-12-1

图 2-12-1 中运用了金字特效，通过使用金属字，可以在瞬间提升产品的档次，这种特效不仅可以用在箱包皮具产品上，还可以运用到高档家具、沙发产品上；不仅可以用在文字上，还可以用在图形、花纹上，见图 2-12-2。

图 2-12-2

【操作步骤】

1. 启动 Ps，新建一个尺寸为 800 ×800 像素，分辨率为 72 的画布。金字一般都通过深色背景体现效果，因此在画布上填充黑色背景。

2. 选择文字工具，在画布上输入"金色招牌"文字，因为金字要有层次感，所以要选择粗一点的文字，如黑体、粗黑等，见图 2-12-3。

图 2-12-3

3. 金属字之所以看起来金光灿灿，是因为它有很多颜色变化，最简单的就是颜色渐变。单击图层面板下方第 2 个按钮添加图层样式，打开对话框，选择"渐变叠加"选项，如图 2-12-4 所示编辑颜色，一个有金属渐变色的文字就做好了，见图 2-12-4。

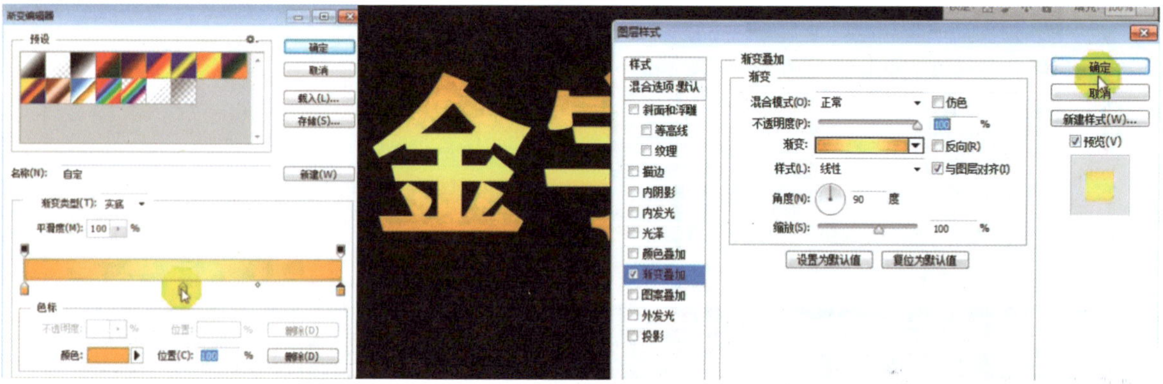

图 2-12-4

4. 为了得到更美观的效果，应增加的立体感。单击图层面板下方第 2 个按钮添加图层样式，打开对话框，选择"斜面和浮雕"选项，调整更改参数，如图 2-12-5 所示，一个有层次有立体效果的金字就做好了。

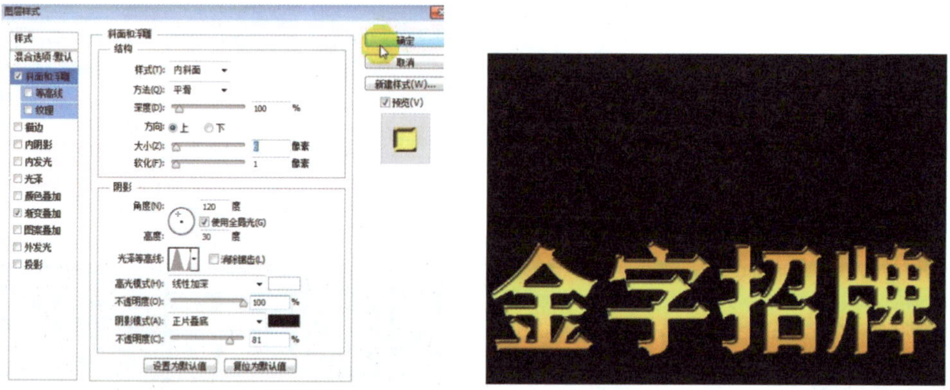

图 2-12-5

5. 用下面介绍的方法可以很简单地让其他文字也显示出金字效果。选择文字工具，输入"尊贵"二字，在图层面板选择刚才文字特效的图层，按鼠标右键，打开快捷菜单，选择拷贝图层样式命令，然后选择新输入的文字图层，按鼠标右键，打开快捷菜单，选择粘贴图层样式命令，即可得到图 2-12-6 所示的效果。

图 2-12-6

6. 执行"文件"→"存储"菜单命令，选择 PSD 源文件格式，保存文件。在以后操作中，如果要再设置有同样金字效果的文字，只需要打开源文件，拷贝图层样式就可以了。

7. 制作金字，在字体很小的时候也能观看得非常清楚，选择文字工具，在画布上输入文字，改变字体、字号，如图 2-12-7 所示。

图 2-12-7

8. 04 号字体很小，十分硬朗，能给人特别精致的感觉。对这种小字，用刚才的金字特效展示不出效果，需要用另外一种手法展现。还是用刚才的文字做，复制"尊贵"文字，删除原有图层样式，再打开图层样式对话框，选择"渐变叠加"选项，在渐变颜色上选择铜色渐变，调整色值，选择黄色系(铜色渐变后发红，所以要进行调整，让它整体发黄)，文字就有了金字的效果，如图 2-12-8 所示。

图 2-12-8

9. 在图层样式对话框中选择"描边"选项，颜色选择深红色，并设置描边大小，如图 2-12-9 所示。

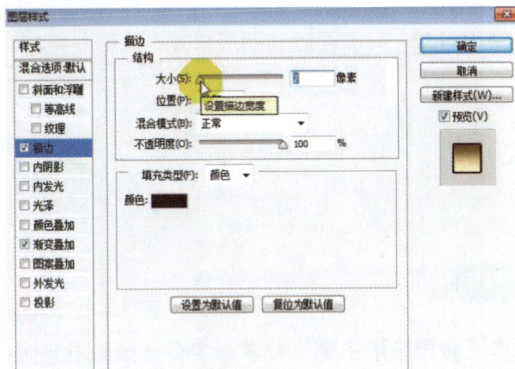

图 2-12-9

10. 在对话框中选择"斜面与浮雕"选项，设置参数，如图 2-12-10 所示。

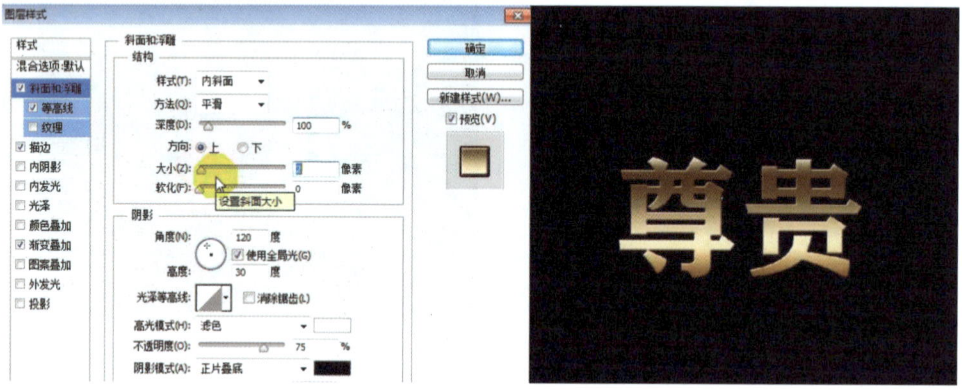

图 2-12-10

11. 再次选择"渐变叠加"选项，单击渐变颜色条的中间位置，增加两个色标，把其中一个色标颜色设置为此色调的最深色，并降低右边色标颜色数值，如图 2-12-11 所示。

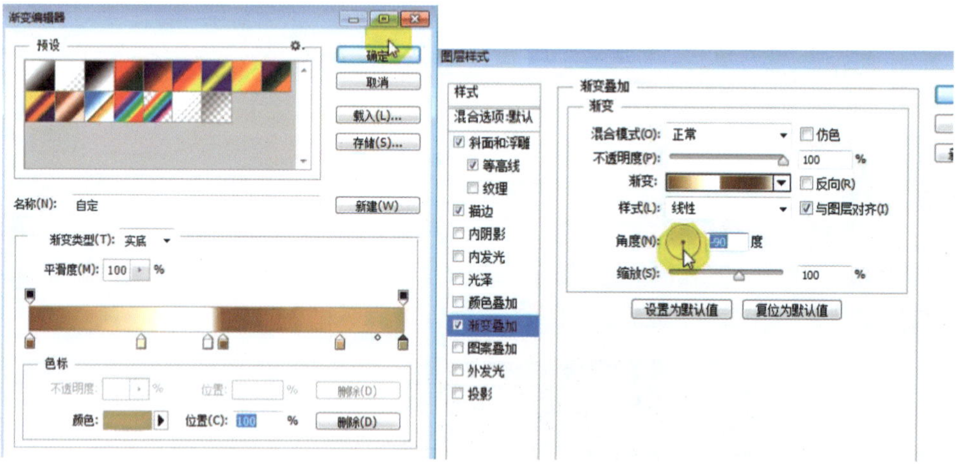

图 2-12-11

这样边缘硬朗的金字就做出来了，如图 2-12-12 所示，请观察并对比它们的效果。

本节通过两个案例学习了两种不同的实现金字特效的手法，一种是通过斜面与浮雕手法，一种是通过渐变手法，手法不同效果不同。

完成一个特效后，只需要复制图层样式，就可以完成其他文字的特效。

图 2-12-12

实训任务

设计制作五张微波炉主图，要求至少有一张有发光金字效果。

2-13 舞台灯光纹理彩金 Ps 光束特效显宝贝

本节在上节学习基础上，继续学习怎样加强特效的手法，打造出更美观更吸引消费者的直通车主图。

观看图 2-13-1 所示的案例。

图 2-13-1

图 2-13-1 中制作的金字里有纹理的质感特效，使得画面更生动，还可以看到，画面中运用了聚光灯的光束效果，产品有影子，掌握这种光影结合的特效手法，是本节学习的重点。

继续观看效果图，见图 2-13-2。

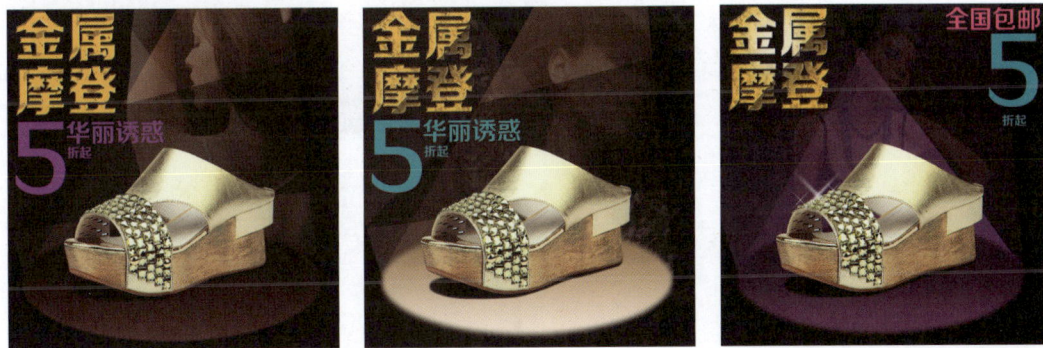

图 2-13-2

运用特效手法，在画面中加入光束，展现投影，可以让画面既生动又突出，从图 2-13-2 的 3 张图可以看出，实现光影有很多种手法，处理光影时可以通过背景来实现，把光源看做聚光灯，灯光照射处成为焦点，可以运用多个聚光灯让主体更加突出，对手法稍加演变，就可以做出多种不同效果的特效，如果光束比较暗淡，影子颜色就比较深，如果要表现强光效果，就把光束变亮，使主体更加突出。还可以运用对比色，对比主体跟光束颜色，更好地突出主体。

【操作步骤】

1. 启动 Ps，新建一个尺寸为 800×800 像素，分辨率为 72 的画布。

2. 打开鞋子素材，用钢笔工具抠出鞋子，用鼠标把它拖到新建的画布中，为了做出光影效果，用黑色填充背景，如图2-13-3所示。

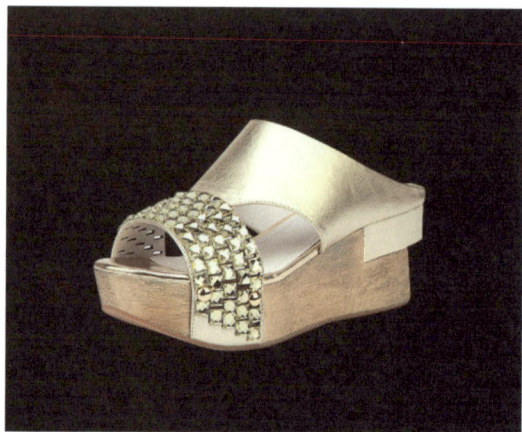

图 2-13-3

3. 新建空白图层，选择椭圆选区工具，在产品的下方画一个椭圆当做舞台，选择渐变工具，从产品上选择一个较深一个较浅的颜色做渐变色，如图 2-13-4 所示。

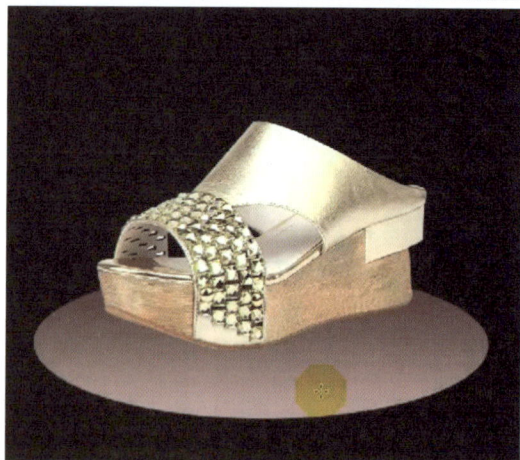

图 2-13-4

4. 现在的画面不真实，鞋子好像飘在空中，所以一定要做影子，当光照射下来后，鞋子有了影子才会有落地感。制作投影的方法很多，现在使用一个最简单的手法来做。选择钢笔工具，根据鞋底形状绘制影子，用直接选择工具，根据实际情况稍加调整改动，如图2-13-5所示。

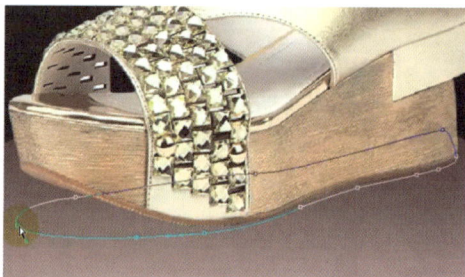

图 2-13-5

5. 新建图层，命名其为影子，按Ctrl+回车键建立选区，设置前景色，选择一个很深的不是黑色的颜色，按Alt+Delete 键填充前景色，如图2-13-6所示。

图 2-13-6

6. 执行"滤镜"→"模糊"→"高斯模糊"菜单命令，打开对话框进行设置，让影子更加逼真，如图 2-13-7 所示。

图 2-13-7

7. 在影子图层上添加蒙版，选择黑色到透明的渐变颜色，用鼠标从左至右拖动，使影子显得更加自然，如图 2-13-8 所示。

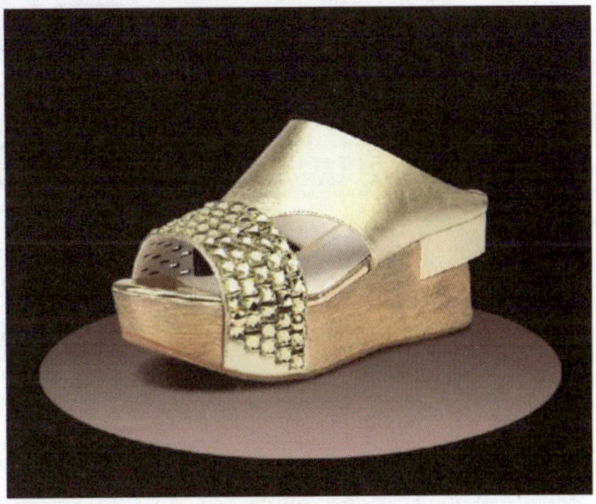

图 2-13-8

8. 选择椭圆图层，执行"滤镜"→"模糊"→"高斯模糊"菜单命令，打开对话框调整数值，让舞台光的效果更自然，如图 2-13-9 所示。

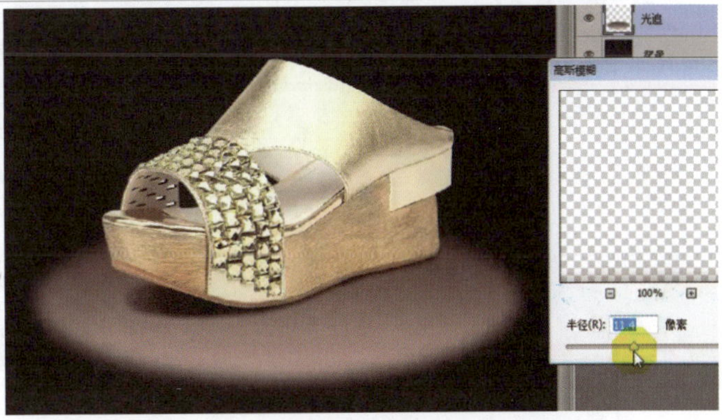

图 2-13-9

9. 选择鞋子和影子图层，单击图层面板下方的链接图层选框，这样移动鞋子时，影子也会同时移动，选择文字工具，输入"金属摩登"文字，选择金色颜色，按 Ctrl+T 键进行自由变换，调整文字的大小和位置，如 2-13-10 所示。

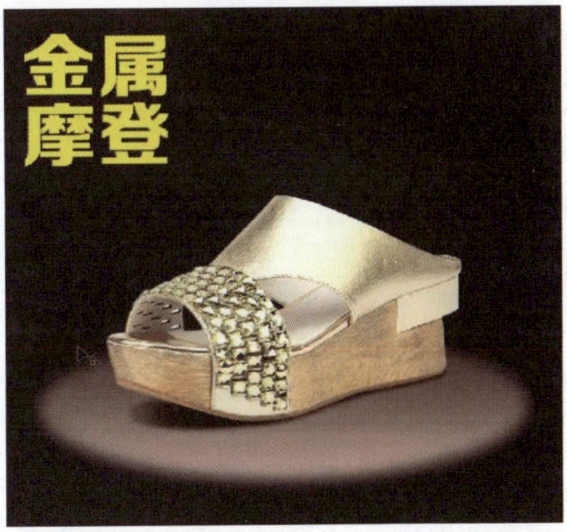

图 2-13-10

10. 上节学习了怎样制作金属字的效果，当时制作的文字里面没有纹理，不够生动。现在为文字添加纹理。单击图层面板下方第 2 个添加图层样式按钮，打开对话框，选择"斜面与浮雕"选项，调整参数，如图 2-13-11 所示。

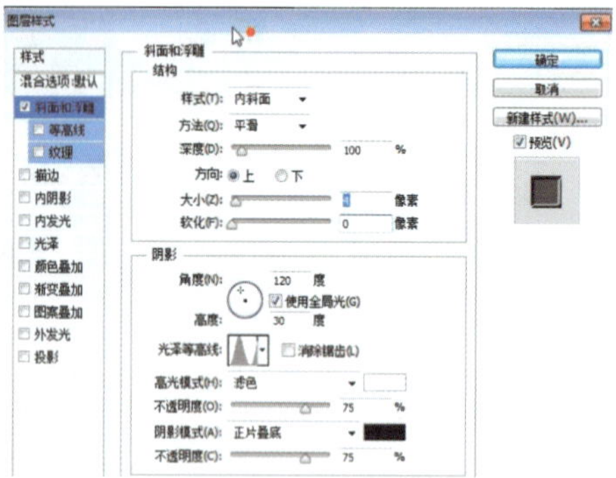

图 2-13-11

11. 继续选择"图案叠加"选项，选择叠加的图案，把混合模式设置为正片叠底，这样一个带有纹理的效果就完成了，如图 2-13-12 所示。

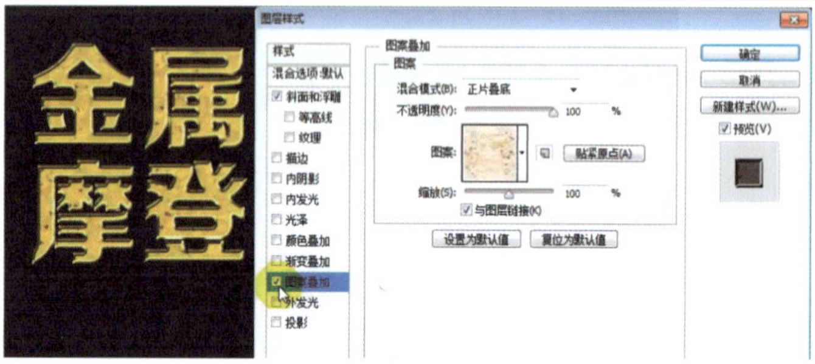

图 2-13-12

12. 选择文字工具，输入卖点文字，设置颜色，按 Ctrl+T 键，调整文字大小和位置，如图 2-13-13 所示。

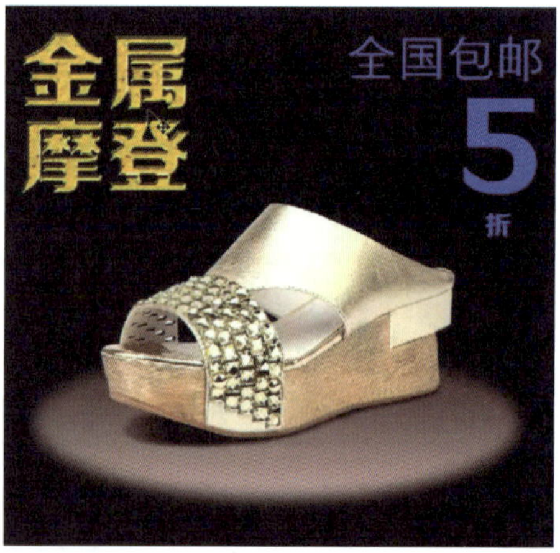

图 2-13-13

13. 新建空白图层，选择钢笔工具，在工具属性栏里选择路径，在画布上模拟光束画出它的形状，按 Ctrl+回车键建立选区，如图 2-13-14 所示。

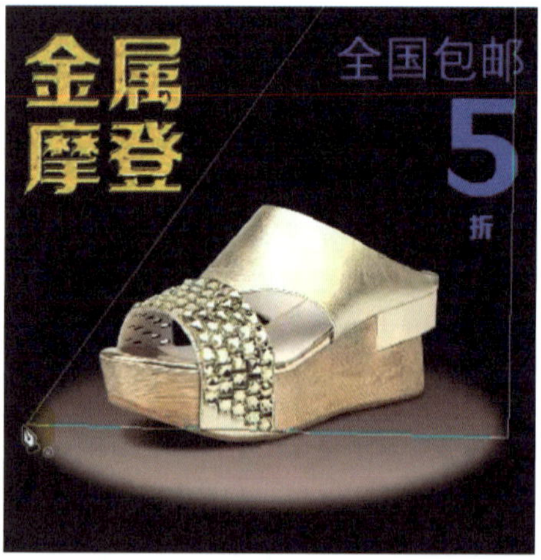

图 2-13-14

14. 光强度是变化的，为此选择渐变工具，根据舞台颜色设置光束的渐变颜色，注意调整图层顺序，舞台在上，光束在下，如图 2-13-15 所示.

图 2-13-15

15. 调整光束的渐变颜色，设置成浅色到透明渐变，如图 2-13-16 所示。一个有立体空间感的光束就完成了。

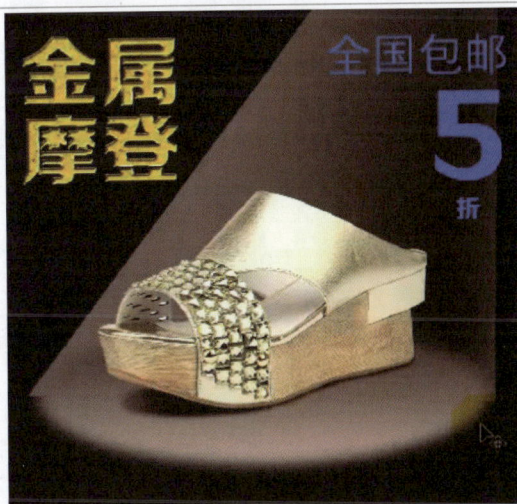

图 2-13-16

16. 按 Ctrl+T 键，调整光束的尺寸和位置，如图 2-13-17 所示。

图 2-13-17

17. 选择橡皮擦工具，调整硬度为 0，在光束与舞台交接处涂抹，使交接显得更自然，如图 2-13-18 所示。

图 2-13-18

18. 调整降低光束的不透明度，使得画面更自然，如图 2-13-19 所示。这样一道完整的光束就制作好了。

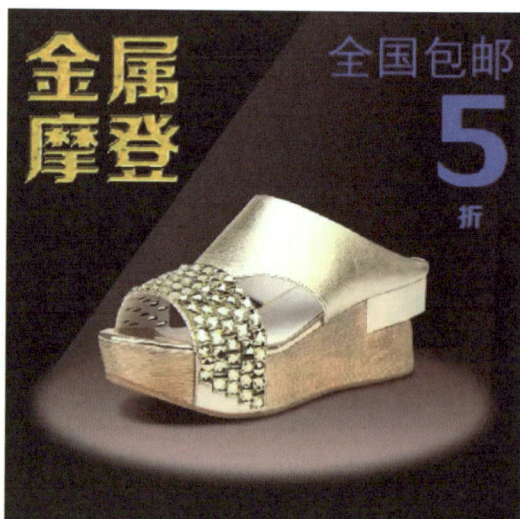

图 2-13-19

19. 复制光束图层，按 Ctrl+T 键对其进行自由变换，按住 Ctrl 键单击控制点，调整第二道光束的角度，如图 2-13-20 所示。

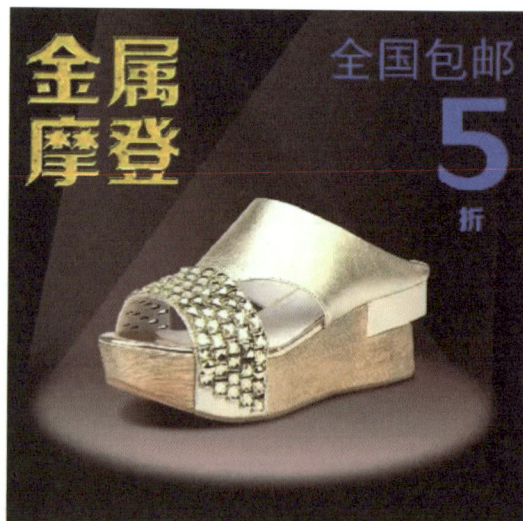

图 2-13-20

20. 新建空白图层，选择钢笔工具，在工具属性栏里选择图形，设置颜色为黑色，在画布中根据实际情况增加一个突出产品的暗色光束，在图层面板中对图层混合模式选择差值，得到图 2-13-21 所示的结果。

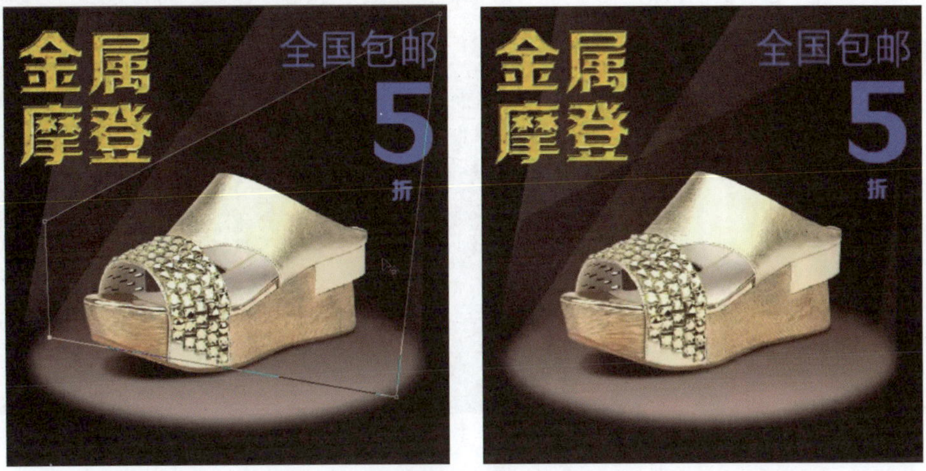

图 2-13-21

21. 为了烘托画面气氛，增加一个美女背景。打开美女背景素材，将其放置到画面中，根据实际效果选择放入的图层顺序，为了展示光束，选择放在第 2 道光束图层下方，如图 2-13-22 所示。

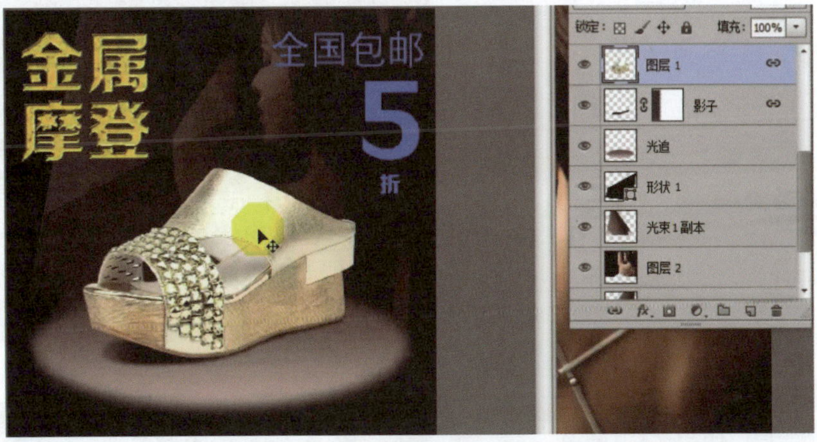

图 2-13-22

22. 在图层面板中，把图层混合模式设置为柔光，使得美女背景显得隐隐约约，不抢占主体鞋子的风头，如图 2-13-23 所示。

图 2-13-23

23. 为了使图形更美观，再设置一些细节。选中金属字图层，在其上新建空白图层，选择多边形套索工具，根据光束画出一个特殊形状，如图 2-13-24 所示。

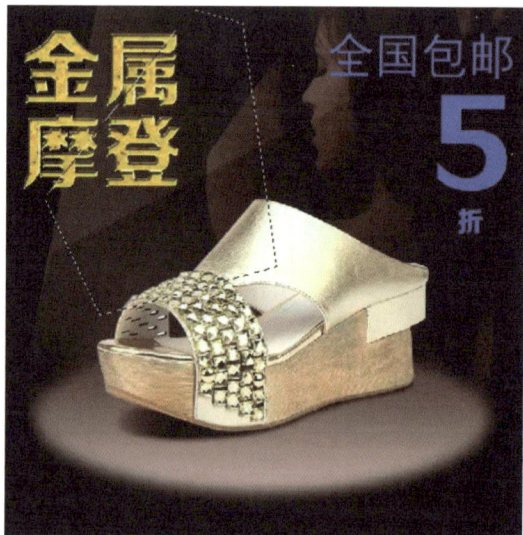

图 2-13-24

24. 选择渐变工具，设置由深色到透明的渐变颜色，在所画形状内拖动鼠标，根据实际情况，可以反复操作，找到最佳的颜色渐变效果，这样一个类似刀切的效果就完成了，如图 2-13-25 所示。

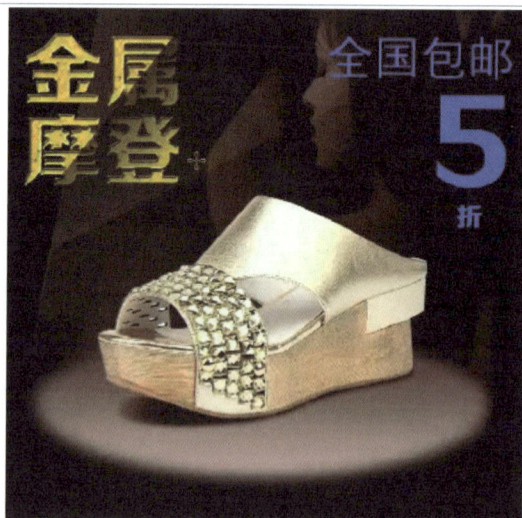

图 2-13-25

25. 选择文字图层，按住 Ctrl 键单击，建立选区，然后选择刚才的刀切图层，单击图层面板下方建立蒙版按钮，使得刀切效果只在文字部分显示，如图 2-13-26 所示。

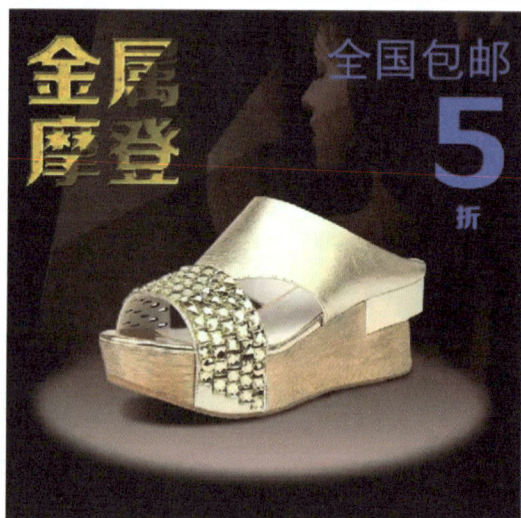

图 2-13-26

26. 继续选择文字图层，按住 Ctrl 键单击，建立选区，新建空白图层，选择渐变工具，设置从金属浅黄色到透明的渐变颜色，选择经向渐变，根据实际情况在文字部分增加渐变，制作金属字的强光部分，如图 2-13-27 所示。

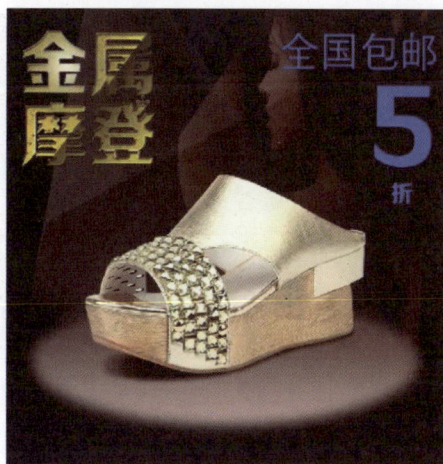

图 2-13-27

27. 降低图层的不透明度，使画面显得更自然，很逼真的效果就出现了，如图 2-13-28 所示。

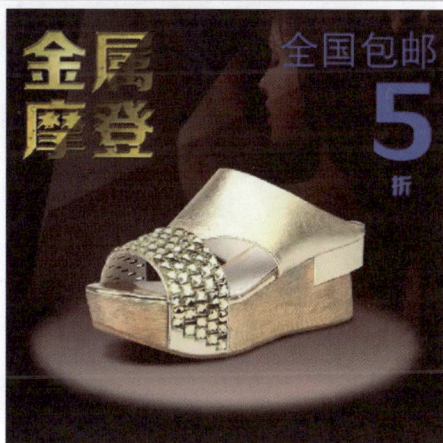

图 2-13-28

28. 继续为产品增加高光。新建空白图层，选择画笔工具，在画笔样式里选择白色，把画笔大小调整到合适大小，单击鞋子合适的位置，在不同位置上增加不同大小的高光，如图 2-13-29 所示，总体效果如图 2-13-30 所示。

图 2-13-29

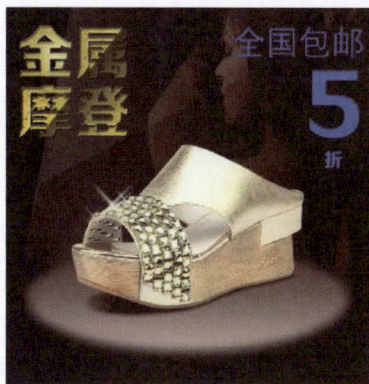

图 2-13-30

29. 现在鞋底的部分颜色太亮，为此进一步进行操作。用一个很亮的光束展现的效果不是很好，可以快速把舞台部分变暗，选择舞台光束灯图层，把它们编为一组，复制该组，隐藏之前的组，选择复制组里的舞台图层，按 Ctrl+U 键调整整色相/饱和度数值，如图 2-13-31 所示。

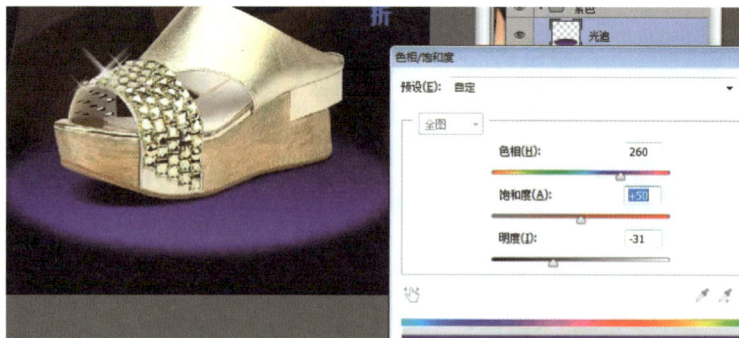

图 2-13-31

30. 选择光束图层，重复上述步骤，调整相匹配的颜色，如图 2-13-32 所示。

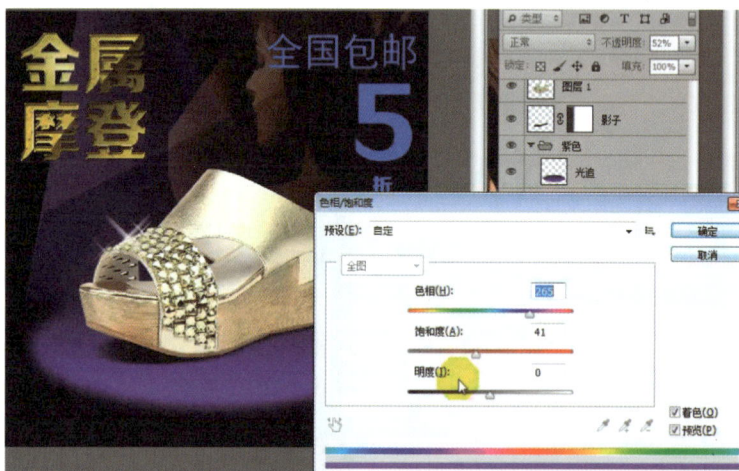

图 2-13-32

31. 这样颜色就更加自然了，选择鞋子图层，按 Ctrl+M 键调整曲线，使得画面更加完美，如图 2-13-33 所示。

图 2-13-33

本节通过学习了各种不同的制作金字的特效手法，学习了光束和投影的制作方法，对两者结合，可以使画面显得很生动。本节还学习了调整光束颜色的方法。通过这样的操作，达到提升宝贝的价值，从而实现提升点击率的目的。

实训任务

设计制作五张女鞋主图，要求至少有一张带有发光金字元素。

3

电商设计中平面构成的基本元素

3-1-1　平面构成

一、什么是平面构成

平面构成是现代设计的基础，指的是按照一定的秩序和法则，将既有的形态在二维空间里构作成理想的平面效果，它应用构成的方式(重复、渐变、发射)和形式美法则(比例、节奏、对比)，将视觉元素(点、线、面)创造成新的理想形态。

平面构成是相对于立体构成而言的，它主要解决在二维空间内创造理想形态的问题，例如电商应用中的标志、广告、招贴等。

二、为什么要学习平面构成

平面构成力求从点、线、面这些简单的元素出发，用材料和质感丰富视觉感受，通过构图、形式美法则、视觉心理等，研究各个元素组合的形式和效果。掌握平面构成可以为在画面中处理各个元素搭建坚实的基础。在这个过程中，我们要学习：

1. 如何创建形象。

2. 怎样处理形象和形象的关系。

3. 如何把握美的规律。

4. 如何应用美的形式、美法则构成设计所需要的图形.

3-1-2　点

一、什么是点

几何学中的点只有位置而无大小和形状，是一个抽象的概念。造型艺术中的点则是一切形态的基础。

点是一个相对的概念。一个人站在辽阔的草原上显得非常小，就可以说这个人是一个点。人们通常认为点是圆的，其实不管什么形状，圆形、方形、三角形的元素都可以称为点，如图 3-1-1 中人们服装上的装饰珠子，图 3-1-2 中浩瀚夜空的点点繁星，都可以认为是点。点是在与空间环境对比中形成的，由空间的形象比例大小决定，并非由它自身形态决定。

图 3-1-1　　　　　　　　　　　　　　　　　　图 3-1-2

图 3-1-3 中雪山上的人，远距离观察时就是点；图 3-1-4 中玻璃窗上的雨滴，也是点。

图 3-1-3　　　　　　　　　　　　　　　　　　图 3-1-4

一般来说，符合以下特征的物体都可以称为点。

1. 体积小、分散的物体，如芝麻、沙粒等；

2. 远距离、大空间对比下的物体，如繁星、孤灯、远帆、地图上的城市等；

3. 处于交叉位置的物体，如：围棋中线的交点；

4. 符号，如：逗号、引号、盲文、音符等；

5. 短小有力的笔触和痕迹。

二、点和其他元素之间的关系

用点可以构成线、面、体。点是一切造型中最基本最小的单位，也是一切造型的起源。它是在比较中形成的，如果布满整个画面，它就是面，如果只出现在几处，它就是点。

同一种形态在画面中的比例关系直接影响我们对它的认识。

图 3-1-5 左图中的大圆，因为占图片面积比例较大，就可以认为是面；右图中的若干小圆，因为占图片面积比例较小，散落分布，就可以认为是点。

点的视觉强度并不和面积大小成对比，面积太小的点会弱化视觉感受，给人消失的感觉；面积太大的点，则给人一种面的视觉感受，如图 3-1-6 所示。

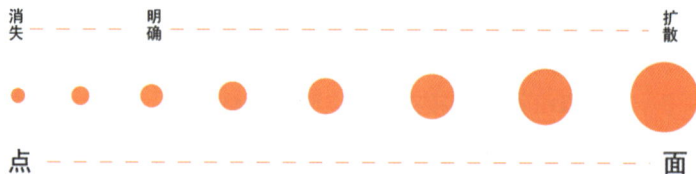

图 3-1-5　　　　　　　　　　　　　　　　　　图 3-1-6

三、点的视觉感受

在一个平面中的各种形态的点给人的视觉感受不同，见图 3-1-7。

大　　实　　浓　　单

小　　虚　　淡　　众

形态不同，给人不同的视觉感受

图 3-1-7

1. 单一的点

单一的点具有集中凝聚视线的效用，容易形成视觉中心。当平面中只有一个点存在时，点和空间会形成一个层次感，人们注视这个平面时，由于点的刺激而容易将注意力集中到这个点上。

一个点的大小、位置、色彩、肌理不同，会给人的视觉产生不同的印象，看到图 3-1-8 的左图画面中心的点，会有一种集中感，而且有收缩远去的感觉，甚至会有一种稳定感；中图中的点给人不稳定的感觉，会让人紧张，不安定；右图中的点给人的感觉最稳定，也最舒服。只有和谐的画面才是稳定的画面。在古老的艺术创作中，大师的作品会采用第 2 种和第 3 种构图方式给画面带来不同的感觉。可以这样理解，如果上了一盘菜，放在桌子中间，大家的心情是一样的，而某人往自己的方向一拉，完了，你掀桌子的心都有了；如果别人往你那一推，呵呵，你觉得好开心。

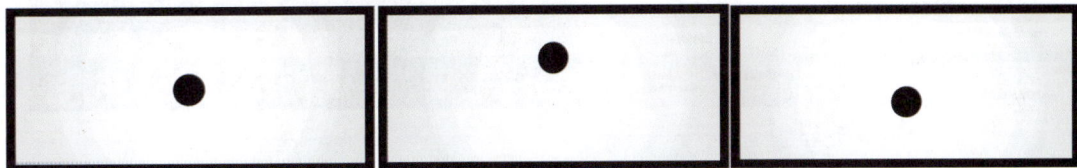

图 3-1-8

2. 多点

多点能创造生动感，如果大小各异就更加突出了。图 3-1-9 中，将大小一致的点按一定的规律排列，给人一种由点移动而产生线的感觉；图 3-1-10 中，连续的点给人以节奏、韵律的感觉，大小不同的点则产生优美的律动感。具体来说，在海报中的文字要调整得像一条线或一个面，不能排得像做广播体操似的，整个操场到处都是。

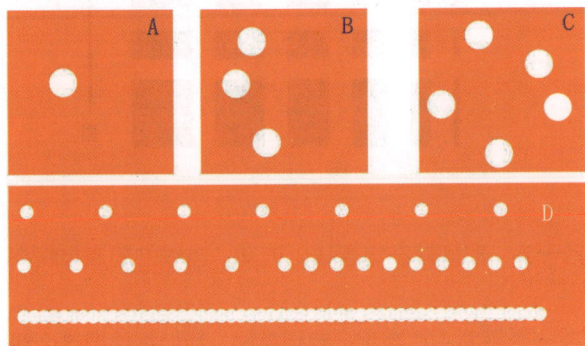

图 3-1-9

图 3-1-10

3. 点的线化

将大小一致的点按一定的方向有规律地进行排列，会给人一种由点的移动而产生线化的感觉。如图 3-1-11 中由大到小的点按照一定的轨迹、方向进行变化，就会产生一种优美的韵律感。

4. 点的面化

如图 3-1-12 中对点进行有规律的既密集又分散地排列，就会产生面化的感觉。

四、点的应用

点最主要的功能是表明位置和进行集聚，与其他元素相

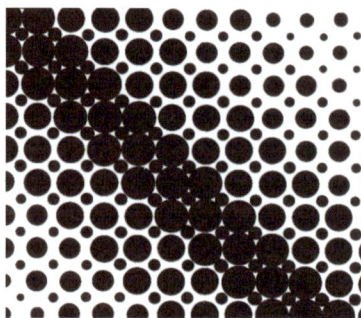

图 3-1-11　　　　　　　　　　　图 3-1-12

比，在一个平面上，点是最吸引视线的。在图形创意中，点的运用可以来源于生活并高于生活。如图 3-1-13 的标志设计，对点的运用强调了品牌的特点；又如图 3-1-14 的海报中，对点的运用使画面更加生动活泼，韵律十足。

图 3-1-13

图 3-1-14

3-1-3　线

一、什么是线

线是点移动后产生的轨迹。直线是"线"中最简洁的形态，直线中的水平线和垂直线又分别代表不同的视觉语意，水平线让人联想到宽广平和的地平线或者女性风格；而垂直线可以让人感觉到高度或深度，有男性的风格。多动又润滑的曲线有优美感和抒情性，如女性的 S 型曲线就是最美的曲线之一；而折线则给人以紧张对立性的感觉。如果从乐器的音调来听，小提琴奏出的是纤细的线条旋律，而大提琴奏出的是较粗的线条感受。与此相对而言，钢琴是典型的"点的

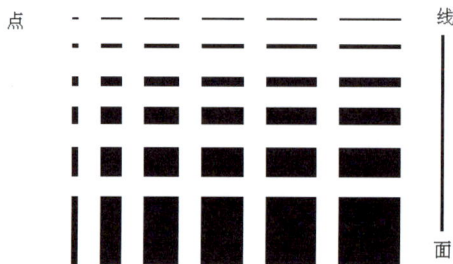

图 3-1-15

音乐节奏"。所以，线条是有时间性的，从一头传递到另一头，时间就在这条线上流动。当线的起点与终点汇合在一起时，"线"就会消失而成为"面"。

图 3-1-15 显示了点、线、面之间的过渡关系，当线在一个平面中加粗到一定程度时，我们往往把这个线看成是一个面或一个长方形。

线可分为直线和曲线两种，如图 3-1-16 所示。

在我们的生活中，有无数优美的线条，变化多端的线条可以产生非常有魅力的画面效果，如图 3-1-17 中大树树干树枝的线条和图 3-1-18 中头发与饰品的线条，都会给人以美的感觉。

图 3-1-16　　　　　　　　　　　　　　图 3-1-17　　　　　　　　　　　　　　图 3-1-18

二、线的视觉感受

线在画面设计中应用得很广，可以起引导视觉的作用，例如优雅的线型多为曲线；画面的工整感、速度感也可以用线的形式来实现。

看到图 3-1-19，会有一种失落、沮丧的感觉，或是雨天要打伞的感觉；看到图 3-1-20，会觉得气氛活跃起来，有运动感；看到图 3-1-21，会觉得稳定和温和，好似一对情侣在拥抱；看到图 3-1-22，最想到的可能是打一套太极拳。

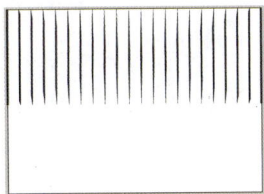

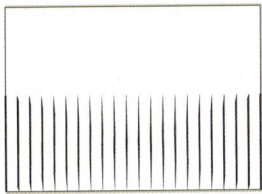

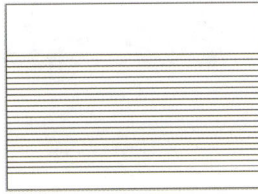

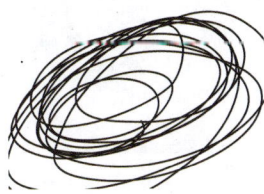

图 3-1-19　　　　　　　　　图 3-1-20　　　　　　　　　图 3-1-21　　　　　　　　　图 3-1-22

三、线在现代设计的应用

线是最具表现力的元素。运动方向不同的线在平面构成中会给人不同的印象。左右方向流动的水平线，表现出流畅的形式和自然持续的空间；向下垂直流动的线给人以自由落体感觉，与积极上升的线条对比，可产生强烈的向下降落的感觉。图 3-1-23 中由左向右上升的斜线，给人一种轻松的运动感；由右向左下落的斜线，给人一种飞翔的感觉，可以产生强烈的刺激感。根据透视中近大远小的原理，前疏后密的线产生深度，前边的愈疏愈近，后边的愈密愈远，就会形成远近空间。因此，线不仅可以明确体现轮廓，同时也可以增强画面的动感和静感、下垂感和向上感、节奏感和韵律感等。

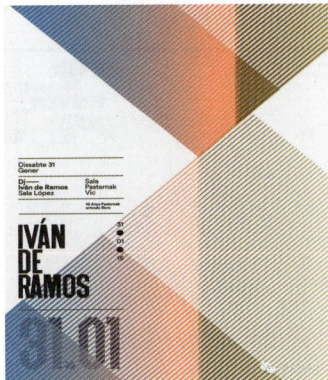

图 3-1-23

3-1-4　面

一、什么是面

面是线移动的轨迹。用"面"解释世界，就如同用小说来讲述事件一样，是多方位的描述，这就是全"面"的方式。一部小说永远说不尽它要讲述的故事，一个故事的结束又是另一个故事的开头。但是平面的视觉含义是模糊的，在文字语言上如此，在视觉语言上也是一样的。用面来说话，让我们看到的不过是点的放大，线的扫描，而当"面"移动起来时，就出现立体空间的造型。

二、面的视觉感受

面的种类包括直线形、几何曲线形、自由曲线形和偶然形，它们给人不同的视觉感受。

直线形的面——具有直线所表现的特征。如图 3-1-24 中正方形，它呈现出一种安定的秩序感，给人心理上简洁、安定、井然有序的感觉，是男性性格的象征。

几何曲线形的面——以严谨的数学方式构成的几何性质的面，比直线形柔软，有数理性的秩序感，特别是圆形，能表现几何曲线的特征。如图 3-1-25 中不规则或不完整的圆形，呈现出一种有变化的曲线形。

自由曲线形的面——不具有任何秩序的曲线形，在心理上能产生幽雅、有魅力、柔软和带人情味的温暖感觉。如图 3-1-26 中的曲线形的面能较充分地体现出作者的个性，是最能引发人们兴趣的造型，它是女性特征的典型代表。

偶然形的面——以特殊方法构成的意外的形态，具有独特的视觉效果。如图 3-1-27 用手撕开纸张所产生的形，用颜料喷洒所产生的形，用"油水分离法"产生的形。

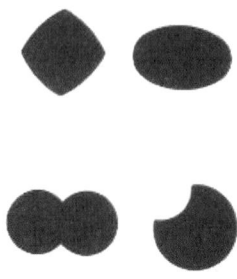
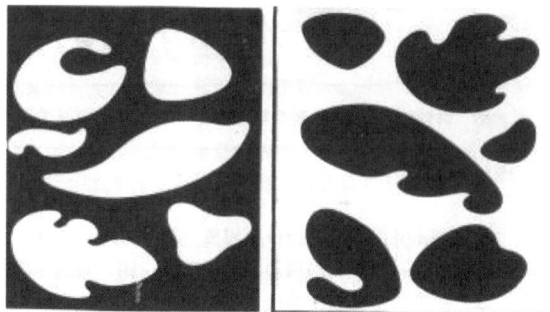

图 3-1-24　　　　　　　图 3-1-25　　　　　　　　　　　　　图 3-1-26

图 3-1-27

三、面的构成形式

直接以面作为构成元素表现的作品有很多，面构成的方法十分灵活，而且形式丰富多彩。

面的构成形式主要有以下几种。

1. 几何形的面

如图 3-1-28 所示，将一些几何形状的面作自由组合，表现规则、平稳、较为理性的视觉效果。

2. 自然形的面

寻找一些自然界的物体，如动物、人、植物等形体，以面的形式表现出来。

如图 3-1-29 所示，把立体的形象、繁复的形象作单纯平面的剪影形式进行概括，大胆地屏弃形象的具体刻画，用高度概括简化的手法，表达形象的特征，使人一目了然，心领神会。

图 3-1-28   图 3-1-29

3. 创造形的面

使复杂的形象变得黑白分明、整齐统一，节省观察者无目的性的视觉移动，达到把准确的意念和信息迅速传达给观察者的效果。

如图 3-1-30 所示，将人们创造出来的各种物体，以面的形式表现出来。

4. 偶然形的面

用自由喷洒、点滴、火烧等方法来制作一些预料不到的、偶然间形成的面。

如图 3-1-31 所示，偶然形的面充满自然的魅力，具有浪漫、抒情、丰富、强烈、奔放的特性。

 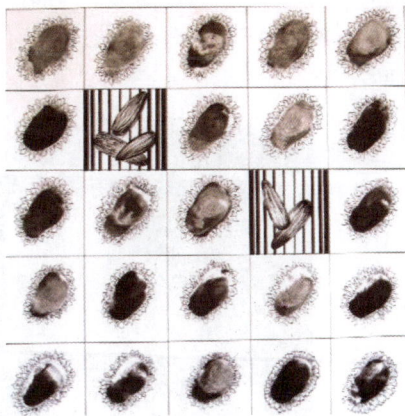

图 3-1-30   图 3-1-31

四、面在设计中的应用

在设计中，面具有轮廓线，且能准确描述出形的含义。面的形态千姿百态：具有自然、流畅、柔和、淳朴的有机形；富有个性、新颖、怪异特点的偶然形；富有明快、理性次序美的几何形；富有不受限制、没有规律可循的不规则形等。设计师通过对面进行分割、重叠、褶皱等手法，可以使相同、呆板的形产生大、中、小等不同的变化。

在设计中，面的量感和体积感常常在画面中起到稳定和控制的作用，产生协调统一感。同时，面的明暗对比可以使画面的层次更加丰富，增强画面的形式感。

3-2　形态及形态间的关系

一、什么是形态

我们在日常生活中经常接触到各种各样的形态，如铅笔、家具、服装、建筑、城市雕像、立交桥、汽车、泼洒的墨迹等。

我们经常接触的形态基本上分为自然形态、人为形态、偶发形态三种，它们都是能看得见摸得着实际感觉得到的形态，这类形态称为现实形态。除此之外，还有一种能够代表各种各样有共同规律和共同性质的形态，这种形态称为抽象形态，它们不代表任何具象的东西。

在设计领域中，形态是空间中的图像。在平面设计里，形态是用来表达意图的视觉元素，它是表达构成意图的主要手段，是构成设计的基本单位。

二、形态的种类

1. 自然形态

自然形态是自然界中客观存在的形态，我们常常看到动物、植物、高山、云海、波浪等都属于自然形态。每一类自然形态都有各不相同的特征。

自然形态分成两类：生物形态和非生物形态。生物形态又包括植物形态和动物形态，比如玫瑰花、小狗等。非生物形态是生物形态以外的自然形态，比如云、山等。大自然与生活中蕴藏着极为丰富的形象和形态，每一种都有其独特的特征与美感。自然形态能给人以启发，引领人联想，我们可以依据自然形态，创作出生动的形态构成。

2. 人为形态

我们生活中的许多形态是用各种材料通过各种方法加工制造出来的，包括各种工业产品以及日用生活品等，这种形态称为人为形态。人为形态是人工创造出来的，不是大自然自然产生出来的天然形态。

人为形态有具象的也有抽象的，如图 3-2-1 中我们天天看到的建筑物、汽车都属于具象形态，把某一具象形态的局部放大会得到一个奇怪的形态，即抽象形态。还有一种得到非具象形态的方式，当你不小心把墨汁滴在地上，就会形成某种形态，这种形态既不可能被模仿也不可能复制，这形态就是偶发形态，下面还会更具体地介绍偶发形态。

图 3-2-1

任何形态都由可以分解的各种不同的形态要素构成，这些形态要素就是我们要讨论的抽象形态，即点、线、面。抽象形态可以看作是几何意义上的点、线、面，有时我们会用圆形、方形和三角形来创造某个自然形态的抽象形式，它们被称为抽象的几何形态，建筑物通常都由抽象的几何形态组成。

3. 偶发形态

偶发形态是指生活中偶然发生的事件所形成的各种形态。偶发形态是在无意中没有经过刻意设计而形成的，具有随意性、偶然性、不可预料性。如图 3-2-2 所示，地面上的自然纹理就是一种偶然形态，又如玻璃瓶摔碎的偶然效果、绘画时颜色间的相互渗透等，都是偶然形态。我们常常忽略这些形态，认为它们毫无价值，这是不正确的。有时对某个偶发形态稍作加工就可能成为一件优秀的作品，有经验的艺术家能从这些不起眼的偶发形态中激发出创作灵感。偶发形态能给我们带来意想不到的启发作用，掌握了偶发形态的某些规律，就能创造出一些合乎需要的更新的偶发形态。对于设计者来说，偶发形态是十分有价值的。

图 3-2-2

三、形态之间的关系

设计结果由多个重复或彼此有关联的"形"构成，这些"形"称为基本形。基本形设计以简为宜，在设计过程中可做到内部统一，基本形包括点、线、面，在构成中占有举足轻重的地位。基本形的形状、大小、色彩和肌理受方向、位置、空间和重心的制约。

1. 基本形的组合

在基本形与基本形相遇时，会产生各种不同的关系，由此可以创造出更多形态，如图 3-2-3 所示。

并列关系：形与形保持距离互不接触；

相遇关系：形与形的边缘恰好接触；

融合关系：一个形与另一个形部分重合，融合成一个新的形；

减缺关系：一个形减缺另一个形，形成一个新的形；

复叠关系：一个形覆盖在另一个形上，产生上与下，前与后的空间关系；

透叠关系：一个形与另一个形重合，保留原形态的边缘线，又丰富了再造形的视觉效果；

差叠关系：形与形相互叠置互相减缺，形成一个新的形；

重合关系：形与形重合在一起。

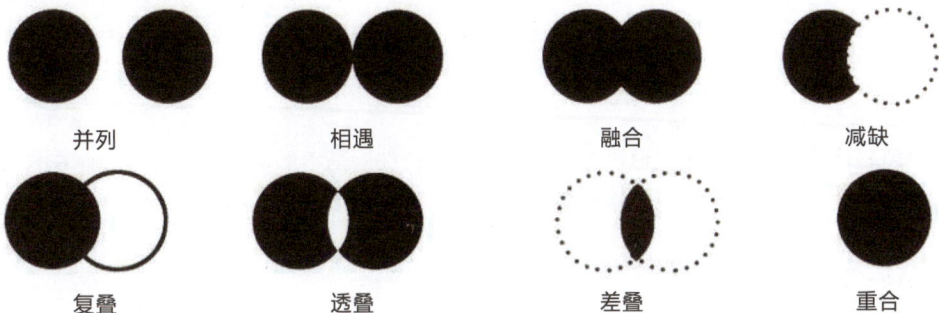

| 并列 | 相遇 | 融合 | 减缺 |
| 复叠 | 透叠 | 差叠 | 重合 |

图 3-2-3

2. 单形的群化

单形的群化是指设计出一个新的单形后，使用这个单形为造型要素，调整其方向、位置、大小等，构成视觉效果完全不同的新图形，如图 3-2-4 所示。单形的群化可以比较随意、自由构成，也可以遵循有规律性的原则构成，如图 3-2-5 所示。

图 3-2-4　　　　　　　　　　　　　　　　　　　图 3-2-5

群化构成的基本要领：

群化构成要求简练、醒目，所以单形的数量不宜过多；

单形的群化构成要紧凑、严密，相互之间可以交错、重叠、透叠，避免松散；

构成的群化图形要完整、美观，为此，因该注意外形的整体效果；

注意画面的平衡和稳定。

3-3　规律性及非规律性骨骼

3-3-1　规律性和非规律性骨骼

1. 骨骼

人体有肌肉、有骨骼，骨骼起到支撑全身的作用。在构成图形时，也需要用骨骼支撑整个画面，形成秩序。在设计时，可能不会有意识地想到骨骼，但当对画面进行组织时，其实就有了骨骼的意图。

在设计中，常借助骨骼构成某种图形。构图要有一个形式线，比如三角形构图，其实就是设计中讲的骨骼。骨骼有助于我们在画面中排列基本形，使画面形成有规律、有秩序的构成。骨骼支配着构成单元的排列方法，可决定每个组成单元的距离和空间，就像绘画时，无论是素描还是色彩，在构图上都要注意黄金比例。

平面构成常见的构成形式分为规律性和非规律性两大类：有规律的构成形式有重复、近似、渐变、发射、特异等；非规律的构成形式有密集、对比、分割、肌理、空间等。

2. 规律性骨骼

有精确严谨的骨骼线，基本形按照骨骼排列，有强烈的秩序感。在平面构成上，规律性骨骼应用较多。骨骼线一般采用正方形格式确定，便于基本形方向的变换，也可用长方形、斜向、水平错位、波形曲线等格式。

3. 非规律性骨骼

非规律性骨骼是比较自由的构成，有很大的随意性和自由性。基本形单元可通过无规律性骨骼形成比较自由、随意的构成形式。非规律性骨骼的构成应尽量简洁，否则众多基本形在画面内就会显得杂乱无章。在平面构成上，非规律性骨骼应用较少。

3-3-2　规律性平面构成及其在设计中的应用

一、重复构成

1. 认识重复构成

重复是在同一设计中，形状、颜色、大小、方向相同的形象出现两次或两次以上的构成形式，如图 3-3-1所示。重复构成中连续有规律地反复使用同一个单形。排列时，需调整其方向、位置、色彩。重复是设计中比较简易的手法，反复出现一个形象，会加深我们对它的印象。电视广告的重复播放、招贴画的重复张贴、歌词的重复出现，都采用了重复的手法来达到增强感染力的目的。常见建筑物中的窗与柱、地板上的方砖格子、织物上的图案，都是生活中明显重复的例子。

图 3-3-1

用来重复的形状称为基本形，每个基本形为一个单位，然后以重复的手法进行设计，基本形不宜复杂，以简单为主。重复常常依赖重复骨骼表现，骨骼决定基本形排列位置。

2. 重复的类型

基本形重复：在构成设计中，使用同一个基本形构成的画面称为基本形重复，它是重复构成中最基本的表现形式，在日常生活中随处可见。

方向的重复：形状在构成中有明显一致的方向性。比如：基本形在重复骨骼中一左一右、一上一下地重复排列，这种排列使图形有一定的节奏感。

形状的重复：形状是最常用的重复元素，在整个构成中，重复的形状可在大小、色彩等方面有变化。

大小的重复：相似或相同的形状，在大小上进行重复。

色彩的重复：在色彩相同的条件下，形状、大小可有所变动。

肌理的重复：在肌理相同的条件下，大小、色彩可有所变动。

二、近似构成

近似构成是指彼此之间相似，而不完全相同的构成，远看如出一辙，近看变化各异。在自然形态中，有很多这种同中有异、异中有同的近似元素构成。

1. 认识近似构成

近似构成中，基本形相似但不完全一样，如图 3-3-2 中，基本形的形状、大小、色彩、肌理等方面有共同的特征，它表现了在统一中呈现生动变化的效果。在我们的生活中，近似的形态普遍存在，比如人的形象、树上的叶子、森林中的树、雪花的造型、天上的白云等。近似是重复构成的轻度变化，没有重复的严格规律，但仍不失规律感，近似的程度可大可小，近似程度大就产生了重复感，近似程度小则会破坏统一。

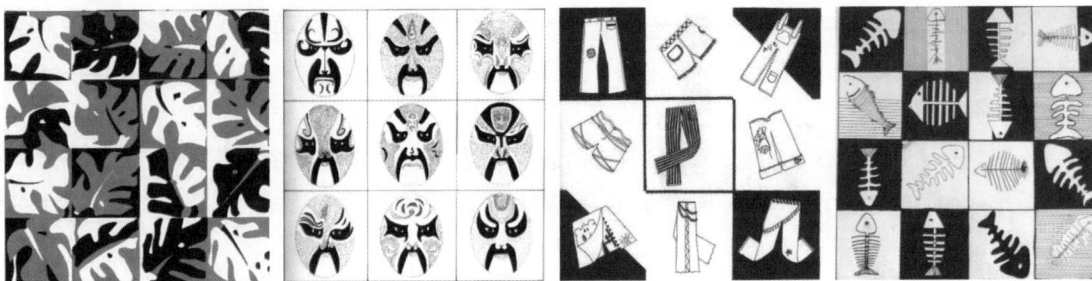

图 3-3-2

2. 近似基本形的获取方法

关联的近似：同属一个类型、一个品种或有相似功能的基本形，都能成为近似的基本形。例如，我国古代相传至今的"百寿""百福"等。

相加相减的近似：将两个或两个以上的基本形相加或相减，由加减的方向、位置、大小、比例不同而获得一系列近似形。

3. 近似的分类

形状的相近：两个形象如果属同一族类，它们的形状是近似的，如同人类的形象一样。在近似中，形状近似是首要的元素，如果形状不近似，即使其他元素，如大小、色彩、肌理近似，也不能称为近似构成。

骨骼的近似：骨骼也可以不是重复而是近似的，也就是说骨骼的形状、大小有一定变化，这是一种半规律性骨骼，在重复骨骼的基础上显得活泼且富于变化。

三、渐变构成

渐变是指单形逐渐的、有规律的循序变动。单形的位置、形状、大小、方向、色彩等视觉因素都可以进行渐变。渐变构成可以形成富有节奏和韵律的美感。

1. 认识渐变构成

渐变是一种变化运动的规律，它是形象经过逐渐规律性的过渡而相互转换的过程。渐变现象在日常生活中极为常见，它是一种符合发展规律的自然现象，例如，季节的更替，月亮的盈亏，水纹的运动，一天的时间从零时到 24 时，人从幼年、青年、壮年到老年等都是渐变现象。画一幅画，从第一笔开始到最后完成，也是一个逐渐变化的过程，这些都属于有秩序的渐变现象。

在渐变构成中，基本单元逐渐、循环、有秩序地变动，它给人以节奏、韵律的美感。在设计中，渐变的构成显示出渐增渐减进展的速度感，产生特殊的视觉效果。

2. 渐变的类型

形象渐变：如图 3-3-3 所示的形状渐变是从一种形象自然过渡到另外一种形象的过程。形状可以由完整过渡到残缺，也可以由简单过渡到复杂，由抽象过渡到具象。

图 3-3-3

大小和间隔渐变：基本形由大到小、由小到大排列或间隔宽度渐变，都会产生远近深度感及空间感。当基本形变大时，会感到离我们近，变小时，会感到离我们远，这样的大小渐变会产生远近的深度感。除了使线的间隔有秩序渐变外，也可以使线的间隔相等，而线的粗细从窄到宽，或是在线粗细从宽到窄的同时其间隔则相对地从小到大。

方向渐变：不改变基本形的形状，只是让其方向通过平面旋转发生有规律的逐渐变动，从而造成平面空间的旋转感。基本形按照一定规律在空间旋转时，产生从正面到侧面、再到背面的逐渐变动，其形状由宽逐渐变窄，直至呈线状。

位置渐变：基本形在骨骼中有规律地进行上下、左右或对角线方向的平面移动，从而产生位置的渐变。基本形进行位置渐变时需用骨骼，因为进行位置渐变时，超出骨骼部分会被切除掉。

虚实渐变：即正形与负形的渐变，也称为"图"与"底"的渐变。是用黑白、正负变换的手法，将一个形由虚形渐变为另一个形的实形。

四、发射构成

1. 认识发射构成

发射是基本形由放射中心出发向四周辐射构成的图形，它是一种特殊的重复形式，如图 3-3-4 中，重复的基本形环绕一个共同的中心构成发射的图案。发射的现象在日常生活中广泛存在，随处可见，例如太阳的关芒、水中的涟漪、盛开的花朵都是发射状的图形，可以说发射也是一种特殊的重复和渐变。

图 3-3-4

2. 发射骨骼形式

根据方向不同，发射在构成形式也各自不同，归纳起来有离心式、向心式、同心式、移心式、多心式几种形式。在实际设计中，常常多种形式结合使用。

离心式发射：这是一种发射点在中央部位，发射线向外方向的构成形式，它是发射骨骼中引用较多的一种发射形式。该构成形式的特点是基本单元从中心或附近开始向外各个方向扩散，常用的骨骼线有直线、曲线、折线、弧线等，骨骼线的疏密也可以随意变化。

向心式发射：向心式发射是与离心式相反的发射骨骼。其发射点在外部，从周围向中心发射。该构成形式的特点是基本单元由外向内收进，中心并不是所有骨骼的交集点，而是各级骨骼线弯折并指向中心。

同心式发射：同心发射以一个焦点为中心，基本单元层间的间隔可等宽、渐变或宽窄随意变化。常用的骨骼线有圆形、方形、螺旋形等。

移心式发射：发射点根据需要，按照一定动势，有秩序地渐次移动位置，形成有规律地变化。

多心式发射：在一幅作品中，从数个点进行发射，有的发射线互相衔接，组成单纯性的发射构成。这种构成效果具有明显的起伏状态，空间感较强。该构成形式的特点是画面有两个以上的中心，基本单元依托这些中心以放射群形式体现。

3-3-3　非规律性平面构成及其在设计中的应用

一、变异构成

变异是指构成要素在有秩序的关系里，有意违反秩序，如图 3-3-5 中少数个别要素显得突出，目的是打破规律性，借这种独特的异常现象，突破规律性统一单调的感觉，达到对感官的刺激。

图 3-3-5

二、结集构成

结集指众多的单形在画面的某个地方结集，而在其他地方表现为疏散，如图 3-3-6 所示。结集的单形，可以是具象的形态，也可以是抽象的形态。

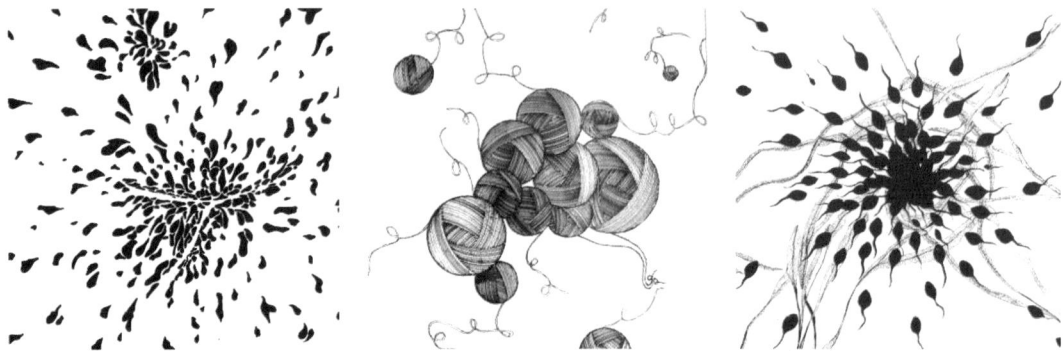

图 3-3-6

三、对比构成

对比，是一种比较自由的构成。它依据单形自身的大小、疏密、虚实、形状、肌理等对比因素进行构成，如图 3-3-7 所示。几乎所有的元素都可以作为对比的因素。

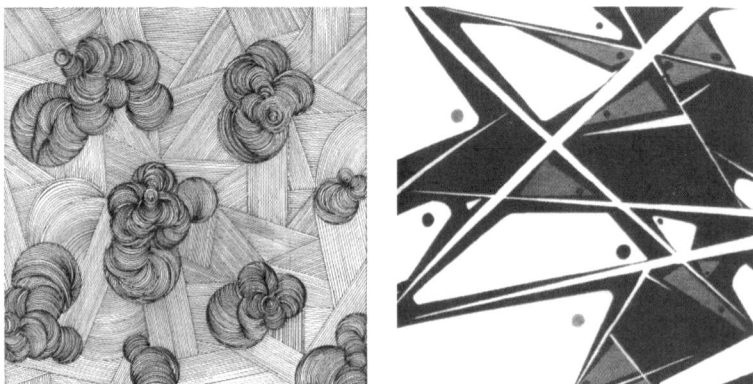

图 3-3-7

四、空间构成

平面构成所涉及的空间，主要指平面中的形给人视觉上造成各种不同空间的感觉。空间的表现可以使用线、点渐变的形式来完成，也可以用形与形的重叠来实现，如图 3-3-8 所示。

图 3-3-8

3-4　形式语言

自然界中许多事物以完美的形态存在，它们取悦人们的眼睛，美化人们的心灵。这些美丽的事物都蕴藏着极为丰富的美的因素。例如，海螺的结构符合数学秩序的规律性，向日葵的葵花籽结构从小到大、从密到疏、从中心向外渐次扩散，它们都具有优美的比例关系和较强的旋律。这些美的因素，是人们在长期的社会实践中，通过视觉器官接受后积累起来的，逐渐形成的一整套视觉经验。

一、视觉路径

前面讲过骨骼是在构成平面形式时大脑中存在的一种意识，就像绘画中的三角形构图或 S 形构图一样，它是设计作品时对形态的位置安排。

音乐中也有这样的安排，节拍就是对音符的安排，节拍的重复和轻重缓急变化直接影响着节奏。在设计中，这种安排就像路径一样，为我们提供了一条富有节奏感的视觉节拍。

无论是设计作品，还是绘画作品，都能观察到这种视觉的路径，如图 3-4-1 中有节奏感的线条组合构图。

二、紧张

紧张用于设计是比较新的词汇。紧张就是对立！当别人和你意见不一致的时候，你就会产生紧张感，一种莫名的对立感出现了，然后你会想办法达到平和。

紧张是由彼此轻微或严重对立的元素所形成的一种相互碰撞的感觉。我们中国的八卦图，被称为"阴——阳"，即现代哲学中矛盾对立统一规律的表示，意思是万物都是在相互转化、互相渗透，在对立中产生平和的力。

在设计中，紧张可以产生节奏和情调，使作品在整体上更吸引观众，对角线、垂直线，或者一个形态与另一个形态相并列的时候都会产生紧张的视觉效果。如图 3-4-2 中各个形态的相互渗透，对立中又产生平衡，给人制造一种视觉上的紧张感。

图 3-4-1　　　　　　　　　　　　　图 3-4-2

三、切除

当两个不同的形态相互重叠时，覆盖产生了前后、上下的关系，保留覆盖在上面的形象，后面被上面覆盖将被剪切掉，形成了新的形态，这是我们在认识形态的时候就接触过的手段。

如图 3-4-3 所示，在设计中，我们可以通过切除形态的某一部分，保留它的精华来强调这一形态。通过切除，吸引观者的眼球，使观察者获得比实际看到的空间更多的感受。

图 3-4-3

四、统一

统一是富有秩序的安排，是设计者对画面整体美感进行调整和把握的主要方法。统一其实是个很难把握的原则，在平面设计中的统一，不是对二维平面上静止状态下多种要素机械地重复，而是多种相异视觉要素间的和谐组合。

整体由不同的局部组成，每个组成整体的局部既要有自己的个性，又要有整体的共性。通过个性的表现突出变化，以共性的联系达到统一。平面设计中的各元素是组成画面整体的要素，每种元素都能以自己的个性形成局部视觉效应，也可以相互结合组成画面整体。

很多人在设计作品时，往往由于追求个性而使得画面杂乱无章、支离破碎，这时如果在画面中重复任意一个元素，比如形状、大小、色彩、肌理等，就会使画面统一起来，但是同一元素不能重复得太多，否则，会破坏设计。

统一原理在设计构成中的美学意义，主要表现在对设计整体美感的妥善安排上，表现在对那些复杂、富于变化的状态构成的有秩序的组合中。如图 3-4-4 中，看似杂乱无章的线条，却显示出了物体的形状.

如何使我们的画面既具有丰富变化的抽象形态，又能形成杂而不乱，看似形态之间随意的组织却又有内在规律的视觉感受呢？可以参考图 3-4-5 和图 3-4-6，前者各元素保持内在的联系，后者运用元素的重复使画面丰富。

图 3-4-4

图 3-4-5

图 3-4-6

如果只注意局部的个性，忽视整体的统一要求，设计结果就会显得杂乱、琐碎。相反，只讲整体的共性，不注意个性的表现，又会使人感到千篇一律、呆板平淡。

因此，通过调整隐藏在画面中的内在联系，将各元素(线条、形态、肌理、明度、色彩)中的某个部分调整到统一，画面就自然会摆脱呆板、平淡或杂乱、琐碎，而显得灵动、富有生气，具有视觉张力。

4 电商海报

4-1　制作手表展海报

【操作步骤】

1. 新建画布，宽 750px，高 450px，颜色模式：RGB。

2. 在工具栏中选择渐变工具，然后在属性栏中打开渐变编辑器，颜色设置：左边色值为#f0eeee，右边色值为#e2e1e1，如图 4-1-1 所示。

3. 打开手表素材，如图 4-1-2 所示，用钢笔工具抠图，把抠出的手表素材置入新建的画布中。

图 4-1-1　　　　　　　　　　　　　　　　　图 4-1-2

4. 打开树枝素材，如图 4-1-3 所示，用魔棒工具抠出树枝，置入新建的画布中，然后复制几个树枝放到手表周围做装饰，如图 4-1-4 所示。

图 4-1-3　　　　　　　　　　　　　　图 4-1-4

125

5. 给树枝素材添加一个"投影"的图层样式，按图 4-1-5 所示进行设置。

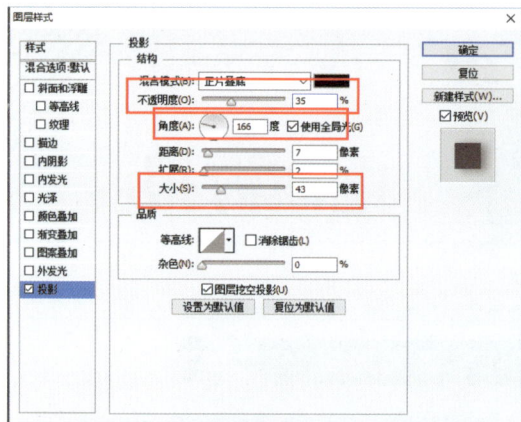

图 4-1-5

6. 调整树枝的颜色，执行"图像"→"调整"→"色相/饱和度"菜单命令，打开色相/饱和度面板，按图 4-1-6 所示进行设置。

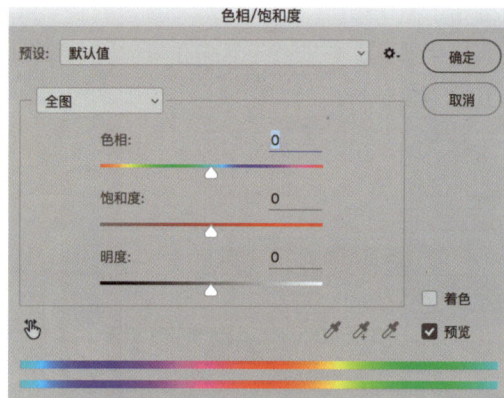

图 4-1-6

7. 将手表的 logo 抠出，置入画布中，如图 4-1-7 所示。

图 4-1-7

8. 用工具栏中的矩形工具绘制一个矩形，然后在属性栏里设置渐变填充，得到图 4-1-8 所示的结果。

图 4-1-8

9. 用文字工具在刚绘制的图层上输入文字,执行"窗口"→"字符"菜单命令,打开字体/段落面板,对字体进行设置,如图 4-1-9 所示。

图 4-1-9

10. 选择矩形工具,绘制一个矩形,然后执行"滤镜"→"模糊"→"高斯模糊"菜单命令,打开高斯模糊对话框,按图 4-1-10 所示进行设置。

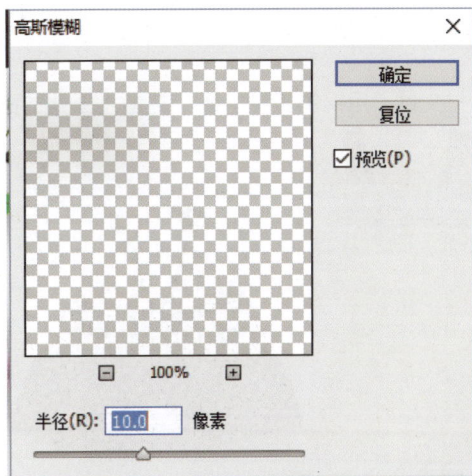

图 4-1-10

11. 复制刚刚完成的高斯模糊图层,让它们分别放置在矩形图层上下,形成一个投影,如图 4-1-11 所示。

图 4-1-11

> **实训任务**

设计完成一幅机械手表类产品的海报。

4-2　制作儿童泳装海报

【操作步骤】

1. 新建画布，宽 750px，高 450px，颜色模式：RGB。

2. 填充颜色，颜色值为#cde8d7，如图 4-2-1 所示。

图 4-2-1

3. 打开素材文件，用钢笔工具抠图，并置入新建的画布中，如图 4-2-2 所示。

图 4-2-2

4. 按 Ctrl+T 键，用自由变换调整素材大小，分别移到画面的相应位置，如图 4-2-3 所示。

图 4-2-3

5. 选择工具栏中的自定义形状工具，找到水滴形状，画出三个小水滴，如图 4-2-4 所示。

图 4-2-4

6. 选择工具栏中的画笔工具，把前景颜色值设置为#a7d9b4，在画布中涂抹，得到图 4-2-5 所示的结果。

图 4-2-5

7. 选择工具栏中的椭圆工具，把颜色值设置为#4eb46，然后选择文字工具在刚刚绘制的椭圆上输入"限时抢购"文字，给文字填充白色，并调整字体大小和角度，如图 4-2-6 所示。

图 4-2-6

8. 选择文字工具，输入"KISS BABY"文字，新建一个图层，选择画笔工具，把画笔的笔刷设置为　，在文字上涂抹(注意涂抹力度)，再执行"滤镜"→"模糊"→"高斯模糊"菜单命令，打开高斯模糊面板设置参数，最后再添加剪贴蒙版至文字，如图4-2-7所示。

图 4-2-7

9. 选择文字工具，输入"儿童泳装品类目"文字，颜色设置为黑色，如图 4-2-8 所示。

图 4-2-8

10. 再次输入小号的文字"酷爽夏日，儿童泳装必备"，颜色设置为黑色，用工具栏中的直线工具绘制横线，如图 4-2-9 所示。

图 4-2-9

最终效果如图 4-2-10 所示。

图 4-2-10

实训任务

设计完成一幅女装类产品的海报。

4-3　制作安全座椅海报

【操作步骤】

1. 新建画布，宽 1920px，高 700px，颜色模式：RGB。

2. 选取工具栏上的钢笔工具，绘制一个形状，填充颜色(颜色值为 #b4f5d7)，如图 4-3-1 所示。

图 4-3-1

3. 因为电脑屏幕尺寸的关系，对 1920px 的宽屏海报也需要把内容控制在 950px 范围内，因此，在制作 1920px 宽屏海报时需要做出参考线。执行"视图"→"新建参考线"菜单命令，设置参考线，垂直方向设置为"485px"和"1435px"，如图 4-3-2 和图 4-3-3 所示，做好参考线的效果如图 4-3-4 所示。

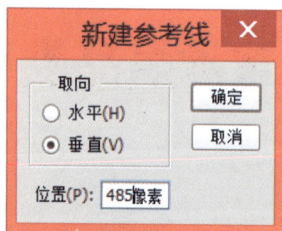

图 4-3-2　　　　　　　图 4-3-3

图 4-3-4

4. 用椭圆工具绘制一个正圆，填充颜色(颜色值为#22ac38)，复制几个圆并均匀排列，画出一个树冠的形状，如图 4-3-5 所示。

图 4-3-5

5. 用钢笔工具绘制树干,填充颜色(颜色值为#8b6036)，如图 4-3-6 所示。

图 4-3-6

6. 用钢笔工具绘制两个三角形,填充颜色(颜色值为#4ec699)，如图 4-3-7 所示。

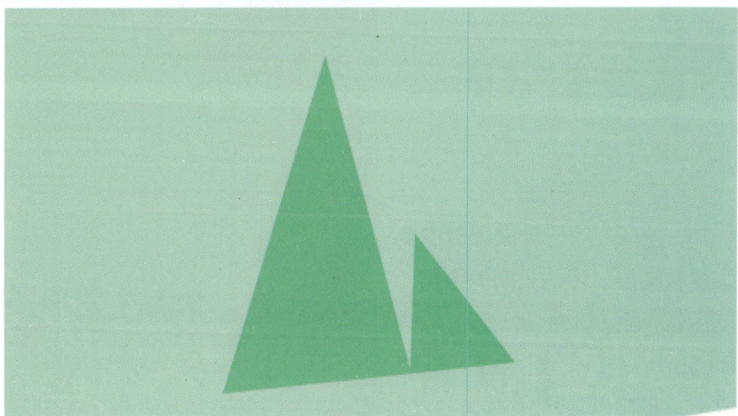

图 4-3-7

7. 用钢笔工具绘制三角形的阴影，填充颜色（颜色值为#41b284)，画出带立体感的三角形，如图 4-3-8 所示。

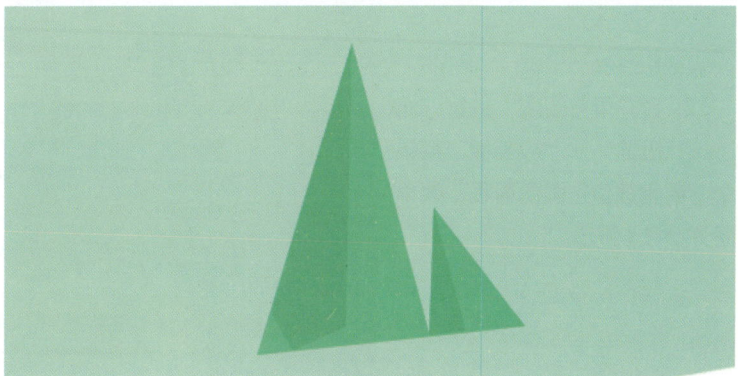

图 4-3-8

8. 用椭圆工具绘制椭圆，填充颜色(颜色值为#7de8ea)，再画第2个椭圆(在第1个椭圆的基础上缩小)，颜色值为#66d5d7，并将两个椭圆放置在三角形图层下面，效果如图 4-3-9 所示。

图 4-3-9

9. 用椭圆工具绘制椭圆并复制，拼成云朵状，合并椭圆图层，复制该图层，调整大小及位置，将两个云朵图层的不透明度设置为"65%"，如图 4-3-10 所示。

图 4-3-10

10. 再新建一个画布，尺寸1920px*700px，用矩形工具绘制一个矩形，如图 4-3-11 所示。

图 4-3-11

11. 按 Ctrl+T 键进行自由变换，复制图层，移动复制的图层，然后按回车键确定。按Ctrl+Shift+Alt+T 组合键可连续重复上一步操作，效果如图 4-3-12所示。

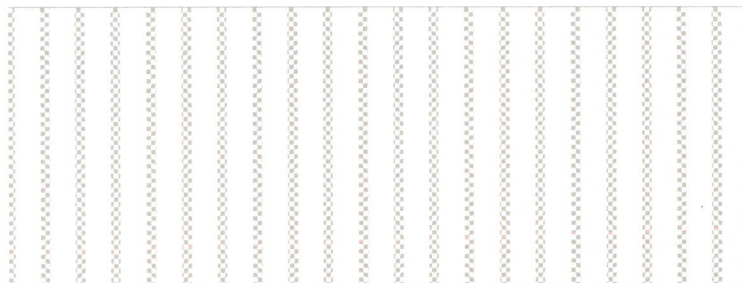

图 4-3-12

12. 合并所有图层，执行"滤镜"→"扭曲"→"极坐标"菜单命令，调整数值，画出射线，效果如图 4-3-13 所示。

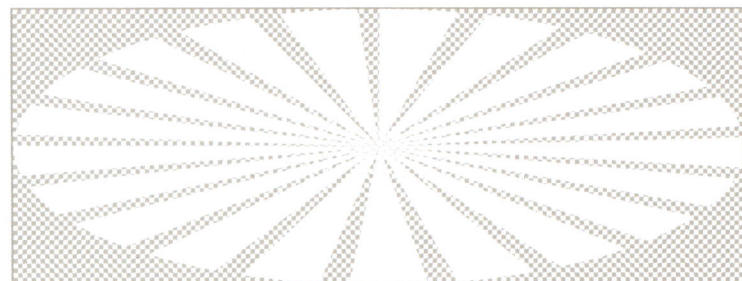

图 4-3-13

13. 将画好的射线形状置入画布中，添加图层蒙版，以中心位置向外辐射做"径向渐变"，如图4-3-14 所示。

图 4-3-14

14. 将该图层的不透明度调设置为"15%"，效果如图 4-3-15 所示。

图 4-3-15

15. 用矩形工具绘制矩形，填充颜色(颜色值为#1ca854)，利用矢量工具中的布尔运算完成"高楼"的制作，并调整"高楼"的角度，如图 4-3-16 所示。

图 4-3-16

16. 用椭圆工具绘制椭圆，并填充白色，复制几个椭圆组成一个大云朵，如图 4-3-17 所示。

图 4-3-17

17. 打开"绿地"素材，抠图，置入画布中，调整好位置，如图 4-3-18 所示。

图 4-3-18

18. 打开"人物"素材，抠图，置入画布中，调整好大小及位置，如图 4-3-19 所示。

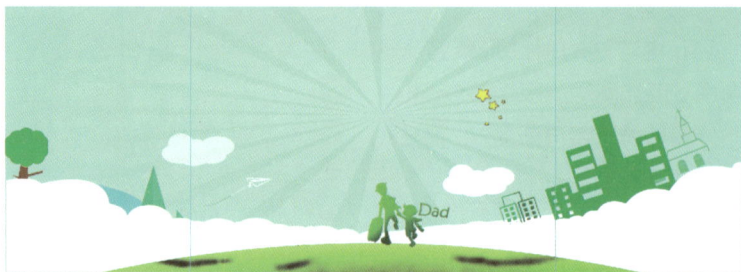

图 4-3-19

19. 用"人物"素材制作阴影，复制图层，并调整好位置及大小，对投影设置黑色到深绿色的渐变，如图 4-3-20 所示。

图 4-3-20

20. 用椭圆工具继续绘制椭圆，并复制，做成云朵状，如图 4-3-21 所示。

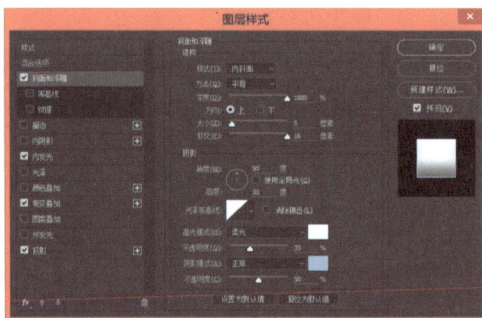

图 4-3-21

21. 为突出云朵的立体感，添加图层样式，如图 4-3-22、图 4-3-23、图 4-3-24、图 4-3-25 所示。

图 4-3-22

图 4-3-23

图 4-3-24

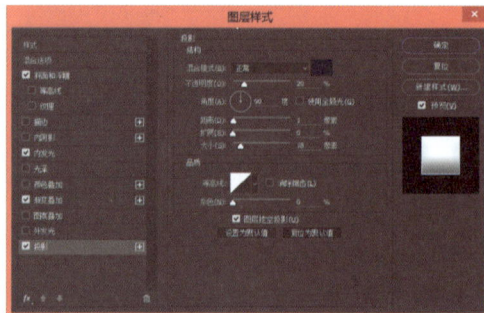

图 4-3-25

22. 打开"安全座椅"素材，抠图置入画布中，调整好大小及位置，如图 4-3-26 所示。

图 4-3-26

23. 用文字工具添加文字信息，完成安全座椅海报，效果如图 4-3-27 所示。

图 4-3-27

实训任务

设计完成一幅矢量儿童餐椅海报。

4-4 制作七夕节海报

【操作步骤】

1. 新建画布，宽 1920px，高 600px，颜色模式：RGB。

2. 填充颜色，颜色值为 #111338，如图 4-4-1 所示。

图 4-4-1

3. 执行"视图"→"新建参考线"菜单命令，设置参考线，垂直方向设置为 "485 像素"和"1435 像素"，设置好参考线的画布如图 4-4-2 所示。

图 4-4-2

4. 在素材包中找到"星光"素材，置入画布中，调整好大小及位置，如图 4-4-3 所示。

图 4-4-3

5. 复制"星光"素材，调整方向和大小，平铺在整个画布中，如图 4-4-4 所示。

图 4-4-4

6. 合并所有"星光"素材图层，将图层的不透明度调整为"45%"，如图 4-4-5 所示。

图 4-4-5

7. 再次将"星光"素材置入画布，调整大小及位置并复制，合并两个星光素材图层，如图 4-4-6 所示。

图 4-4-6

8. 将图层的不透明度调整为"50%"，如图 4-4-7 所示。

图 4-4-7

9. 对画布中间位置加蓝光提亮，选中椭圆选取框工具，在属性栏把羽化值调整为"10"，在画布中间位置绘制一个椭圆选框，如图 4-4-8 所示。

图 4-4-8

10. 新建图层并填充颜色(颜色值为#002afc)，如图 4-4-9 所示。

图 4-4-9

11. 将图层混合模式设置为"滤色"，效果如图 4-4-10 所示。

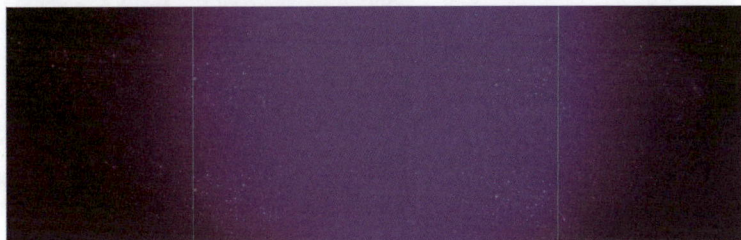

图 4-4-10

12. 新建图层并填充颜色(颜色值为#211917)，如图 4-4-11 所示。.

图 4-4-11

13. 执行"滤镜"→"渲染"→"镜头光晕"菜单命令，打开镜头光晕对话框，调整亮度及光照的方向，如图 4-4-12 所示。

图 4-4-12

14. 调整过程中放大画布显示，当观察到画面中只呈现如图 4-4-13 所示的淡淡的光影时，停止调整。

图 4-4-13

15. 将图层的不透明度调整为 "55%" ，如图 4-4-14 所示。

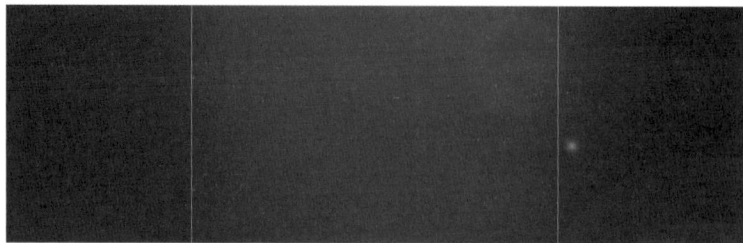

图 4-4-14

16. 将前景色改为黑色，选中画笔工具，设置画笔的 "柔边缘" 属性，新建图层，在画布两边轻轻涂抹，加深画布两边的阴影，如图 4-4-15 所示。

图 4-4-15

17. 将图层的不透明度调整为 "45%" ，如图 4-4-16 所示。

图 4-4-16

18. 再添加新图层，用画笔工具涂抹，加深阴影部分，如图 4-4-17 所示。

图 4-4-17

19. 将图层的不透明度调整为 "30%" ，如图 4-4-18 所示。

图 4-4-18

20. 添加图层，并填充紫色(颜色值为#422260)，将图层的不透明度调整为 "25%" ，如图 4-4-19 所示。

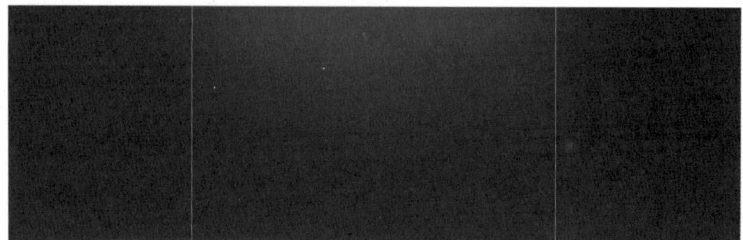

图 4-4-19

21. 打开素材包，找到"云朵"素材，将该素材置入画布，调整云朵的形状、大小和透明度，如图 4-4-20 所示。

图 4-4-20

22. 再次添加"云朵"素材，调整大小及透明度，体现云朵的层次感，如图 4-4-21 所示。

图 4-4-21

23. 重复上一步操作，复制多个"云朵"素材，体现出一个天桥的形状，注意凸显云朵层次感和大小节奏感，如图 4-4-22 所示。

图 4-4-22

24. 将"月亮"素材置入画布中，调整大小及位置，如图 4-4-23 所示。

图 4-4-23

25. 添加"人物"及"鹊桥"素材，调整大小及位置，如图 4-4-24 所示。

图 4-4-24

26. 添加文字信息，调整文字的大小节奏感，如图 4-4-25 所示。

图 4-4-25

27. 添加飘落的花瓣作为装饰，完成七夕海报制作，效果如图 4-4-26 所示。

图 4-4-26

实训任务

设计完成一幅场景合成的端午节粽子海报。

5 活动海报

5-1　618 活动海报

本节制作一个如图 5-1-1 所示的活动海报。

图 5-1-1

【操作步骤】

1. 新建画布，尺寸：1920px×670px，分辨率：72 像素/英寸，颜色模式 RGB。

2. 单击工具栏中的前景色图标，打开拾色器对话框，选取颜色值为#e00020，如图 5-1-2 所示，单击对话框中的"确定"按钮，按 Alt+Delete 键，用设定的颜色填充画布，如图 5-1-3 所示。

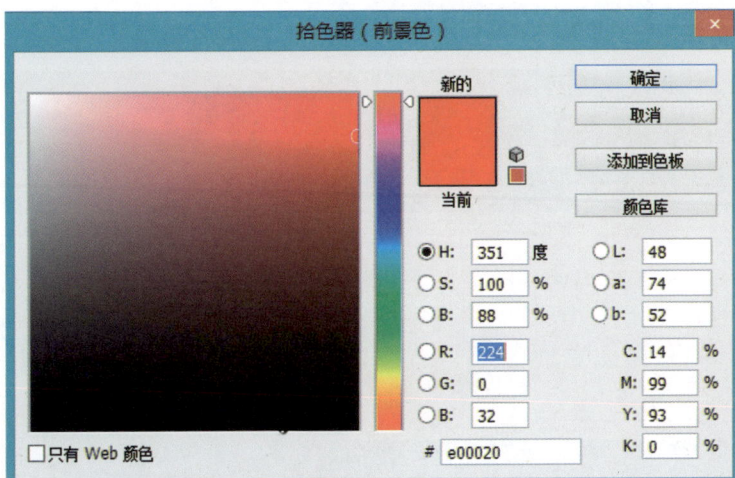

图 5-1-2

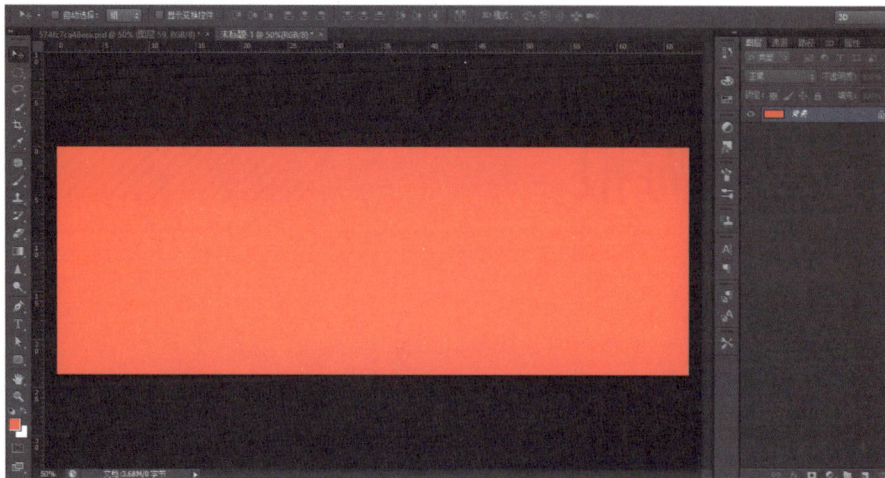

图 5-1-3

3. 打开文件素材包，选择素材 1，置入新建画布中，将图层混合模式中的"正常"改为"明度"，如图 5-1-4 所示。

图 5-1-4

4. 选择钢笔工具，在画布中间位置绘制三角形，并填充颜色，颜色值为#ff4e00，如图 5-1-5 所示。

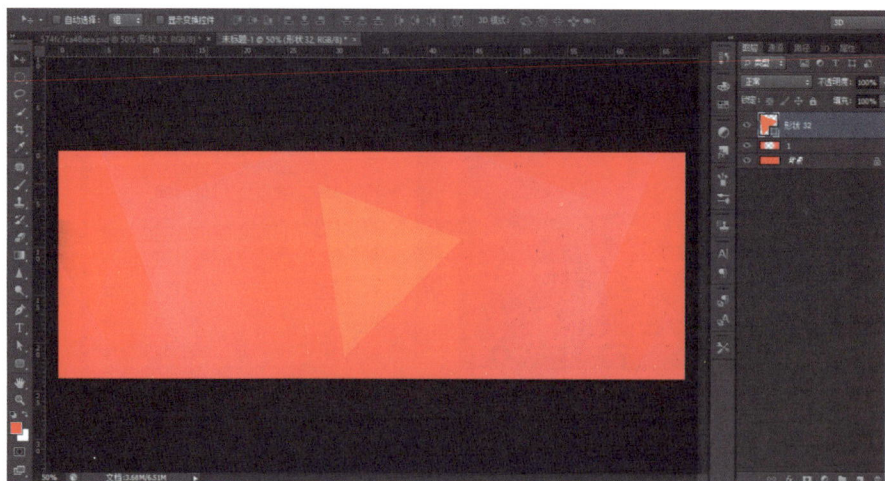

图 5-1-5

5. 选择钢笔工具，绘制三角形，并填充颜色，颜色值为#ff6000，如图 5-1-6 所示。

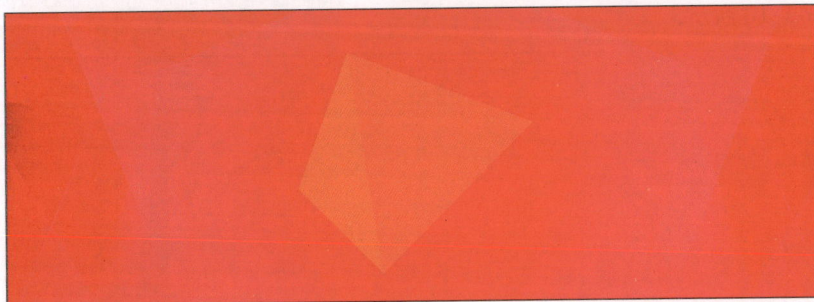

图 5-1-6

6. 选择钢笔工具，绘制三角形，并填充颜色，颜色值为#ea2502，如图 5-1-7 所示。

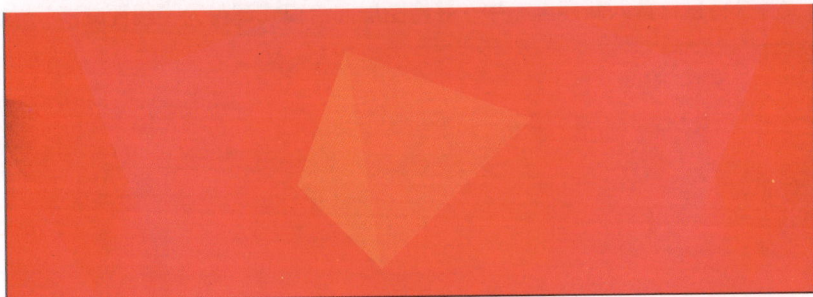

图 5-1-7

7. 选择钢笔工具，绘制三角形，并填充颜色，颜色值为#ff3600，如图 5-1-8 所示。

图 5-1-8

8. 选择钢笔工具，绘制三角形，并填充颜色，颜色值为#ff7800，如图 5-1-9 所示。

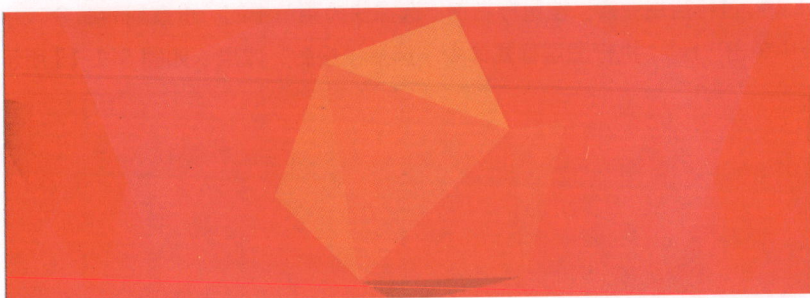

图 5-1-9

9. 选择钢笔工具，绘制三角形，并填充颜色，颜色值为#ff6000，用绘制的多个三角形拼接组合为一个立体形状，如图 5-1-10 所示。

图 5-1-10

10. 打开素材文件，将素材置入新建画布中，并将图层混合模式调整为"线性减淡"，如图 5-1-11 所示。

图 5-1-11

11. 选择多边形工具，绘制一个三角形边框，如图 5-1-12 所示。

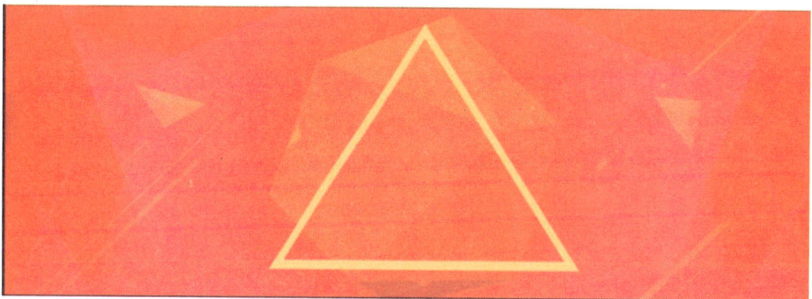

图 5-1-12

12. 按 Ctrl+T 键，进行自由变换，按鼠标右键，选择快捷菜单中的"垂直翻转命令"，得到倒立的三角形边框，在图层面板中单击"fx"，执行图层样式命令，选择"投影"效果，如图 5-1-13 所示。

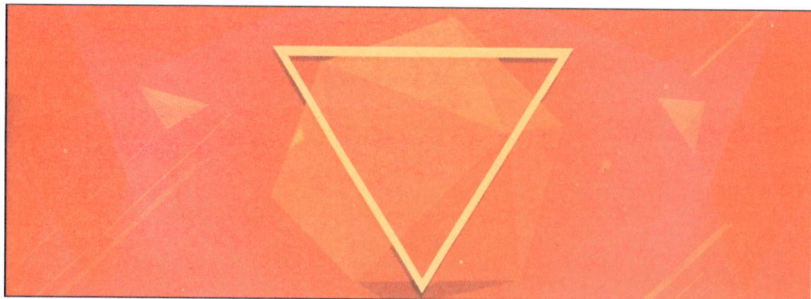

图 5-1-13

13. 选择矩形选框工具，绘制矩形选框，按 Delete 键删除选区内的三角形边框部分，如图 5-1-14 所示。

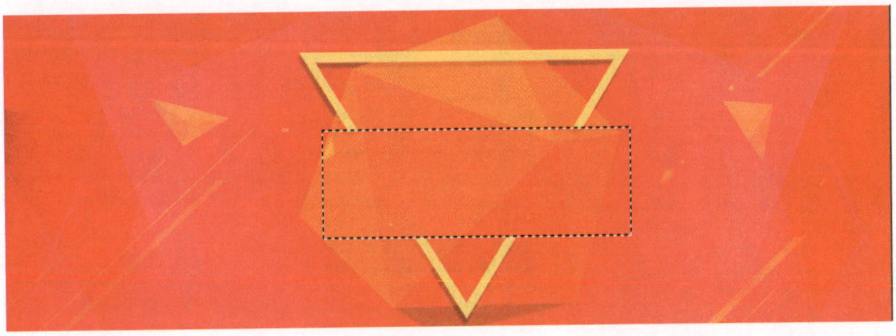

图 5-1-14

14. 选择文字工具，在三角形边框内单击，输入数字"618"，在图层面板中单击"fx"，执行图层样式命令，选择"投影"效果，如图 5-1-15 所示。

图 5-1-15

15. 选择"618"文字图层，按鼠标右键，执行快捷菜单中的"栅格化图层"命令，将文字图层转化为位图格式；选择矩形选框工具，在"618"文字上绘制矩形选区，按 Delete 键删除选区内的文字部分；选择文字工具，单击"618"文字下方，输入"巅峰定制"和相应的拼音，如图 5-1-16 所示。

图 5-1-16

16. 选择矩形工具，绘制矩形，并填充颜色，颜色值为#500c53，如图 5-1-17 所示。

图 5-1-17

17. 选择矩形工具，绘制矩形，并填充颜色，颜色值为#7f0e9e，如图 5-1-18 所示。

图 5-1-18

18. 选择钢笔工具，绘制一个不规则的形状，并填充颜色，颜色值为#7f0e9e，按 Ctrl+J 键复制，选择移动工具，将复制的形状副本图层移动至矩形另一端，按 Ctrl+T 键，进行自由变换，按鼠标右键，选择快捷菜单中的"水平翻转"命令，如图 5-1-19 所示。

图 5-1-19

19. 选择文字工具，单击矩形内部，输入"每天 1000 件"，如图 5-1-20 所示。

图 5-1-20

20. 选择矩形工具，绘制矩形；选择文字工具，在矩形内输入"价位段位 6.18、16.8、61.8、618 件"和"件件产品等你抢"，如图 5-1-21 所示。

图 5-1-21

21. 打开素材文件，将产品素材置入画布中，如图 5-1-22 所示。

图 5-1-22

22. 打开素材文件，将"光源"素材置入画布中，把图层模式由"正常"改为"滤色"，如图 5-1-23 所示。

图 5-1-23

23. 选择矩形工具，绘制矩形，填充颜色，颜色值为#bc2bdb，如图 5-1-24 所示。

图 5-1-24

24. 选择文字工具，在矩形内输入文字和字母(购物大趴 DESIGN)，如图 5-1-25 所示。

图 5-1-25

实训任务

根据本节课所学，设计一张双 11 海报，注意图层混合模式的使用。

5-2 天猫 12.12 海报

本节制作一个如图 5-2-1 所示的海报。

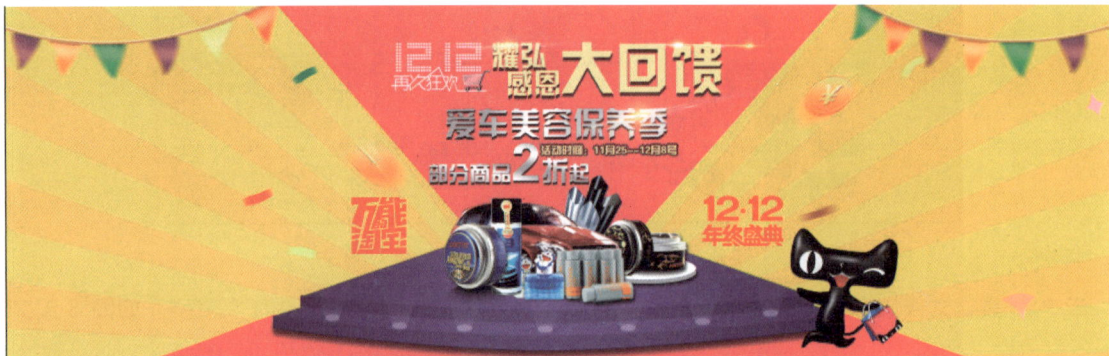

图 5-2-1

【操作步骤】

1. 启动 Ps，新建一个尺寸为 1920px×600px，分辨率为 72，颜色模式为 RGB 的画布。

2. 在新建的画布上填充颜色，颜色值为#ffdf12，如图 5-2-2 所示。

图 5-2-2

3. 选择钢笔工具，绘制一个形状，并填充颜色，颜色值为#fbd10d，如图 5-2-3 所示。

图 5-2-3

4. 按 Ctrl+J 键复制形状，按 Ctrl+T 键进行自由变换，把形状副本旋转 30°，按回车键确认变换结果，按 Ctrl+Shift+Alt+T 键，连续复制，得到如图 5-2-4 所示的结果。

图 5-2-4

5. 选择钢笔工具，绘制两个不规则形状，并填充颜色，颜色值为#ff3162，如图 5-2-5 所示。

图 5-2-5

6. 选择钢笔工具，绘制一个不规则形状，单击图层样式"fx"按钮，选择渐变叠加，得到图 5-2-6 所示的结果。

图 5-2-6

7. 选择钢笔工具，绘制不规则形状，单击图层样式"fx"按钮，选择渐变叠加，添加投影效果，得到如图 5-2-7 所示的结果。

图 5-2-7

8. 按住 Ctrl 键，同时选中钢笔绘制的两个形状，按 Ctrl+G 键执行编组命令，选择移动工具，按住 Alt 键的同时按住鼠标左键复制组，移动"组副本"，实现立体舞台效果，如图 5-2-8 所示。

图 5-2-8

9. 分别选择椭圆工具和多边形工具，绘制椭圆和四边形，并填充白色，如图 5-2-9 所示。

图 5-2-9

10. 选择四边形图层，执行"滤镜"→"模糊"→"高斯模糊"菜单命令，做出放射灯光效果，同时选中四边形和椭圆两个图层，按鼠标右键，选择快捷菜单中的"合并图层"命令，将图层模式由"正常"改为"柔光"，如图 5-2-10 所示。

图 5-2-10

11. 按 Ctrl+J 键复制图层，将图层移动到台阶上，做出舞台灯光的效果，多次进行复制，放置在合适的位置上，如图 5-2-11 所示。

图 5-2-11

12. 打开装饰素材文件，置入画布中，调整好位置和大小，如图 5-2-12 所示。

图 5-2-12

13. 选择文字工具，输入文字信息，调整好文字大小和位置，注意节奏感，如图 5-2-13 所示。

图 5-2-13

14. 打开"光"素材文件，置入画布中，将素材调整到文字上方，将图层模式由"正常"改为"滤色"，多次复制，调整大小和位置，如图 5-2-14 所示。

图 5-2-14

15. 选择椭圆工具，绘制椭圆并填充白色，如图 5-2-15 所示。

图 5-2-15

16. 继续使用椭圆工具绘制椭圆，并填充灰色，将灰色椭圆移至白色椭圆下方，使之出现立体效果，给灰色椭圆加投影，如图 5-2-16 所示。

图 5-2-16

17. 打开产品素材文件并置入画布中，添加投影效果，如图 5-2-17 所示。

图 5-2-17

18. 打开剩余的产品素材文件，置入画布中，调整好大小和位置，如图 5-2-18 所示。

图 5-2-18

19. 打开"12.12"素材文件，置入画布中，调整好位置和大小，如图 5-2-19 所示。

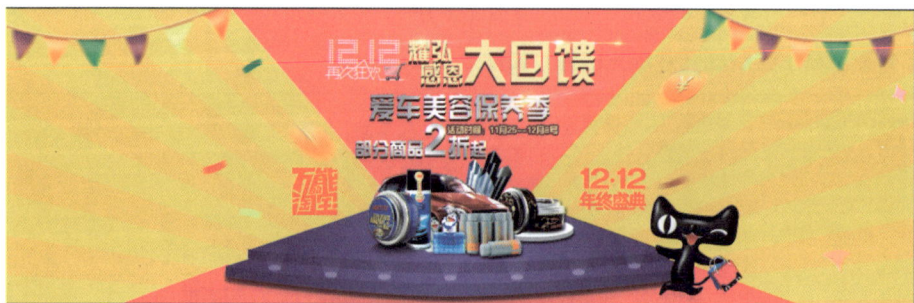

图 5-2-19

实训任务

以"感恩节"为主题设计一个活动海报，店铺主营产品是女装。

6

修图调色

产品种类繁多、颜色多变已成为网店吸引客户浏览的重要因素，在制作网店海报时，为了节约成本和节省时间，可利用 Photoshop 的调色功能，更换产品颜色，以达到省时省力，节约成本的目的。要注意的是，在网上售卖产品，需要注意颜色的准确性，颜色要和实物相符。

6-1-1　产品颜色随心变

【操作步骤】

以充电宝为例，我们可以使用 Photoshop 给产品更换颜色。

1. 执行"文件"→"打开"菜单命令，打开充电宝素材原图，如图 6-1-1 所示。

图 6-1-1

2. 选择工具箱中的"套索"工具 ，在工具选项栏单击选中"新选区"按钮，并设置"羽化"为 0 像素，如图 6-1-2 所示。

图 6-1-2

3. 使用设置好的"套索工具" ![lasso], 在图像中间的蓝色充电宝区域绘制一个封闭选区(阴影部分也要选中),将其选中,如图 6-1-3 所示。

图 6-1-3

4. 执行"图像"→"调整"→"色相/饱和度"菜单命令("色相"用来修改照片的颜色;"饱和度"用来调整照片颜色的浓度;"明度"用来调整照片亮度)。

5. 把"色相"值设置为 150,修改充电宝的颜色。把"饱和度"值设置为 20,加深颜色的浓度。把"明度"值设置为 2,提高充电宝的亮度。设置完成后,单击"确定"按钮,如图 6-1-4 所示,产品颜色就换好了。

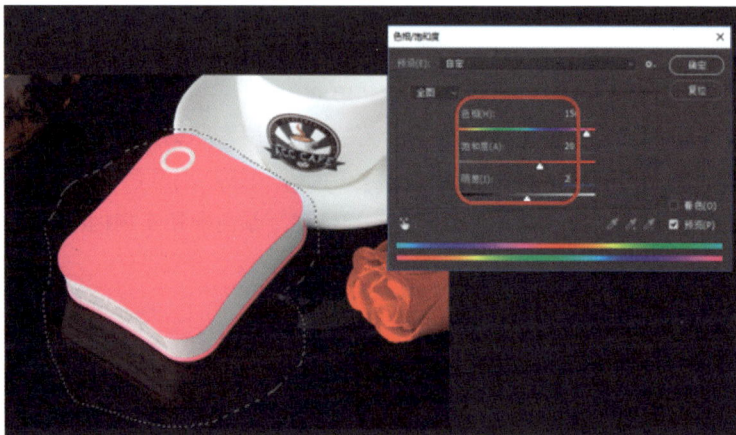

图 6-1-4

6-1-2 替换合适的产品背景

拍摄完产品进行后期制作时,设置合适的背景非常重要,不同的商品需要搭配不同的适合产品的背景,这样可以凸显产品的特性,使其更有商业价值,下面以砚台产品为例进行介绍。砚台最好以表现中国风的背景为映衬。

【操作步骤】

1. 先来看一下原图和制作后的效果对比图,如图 6-1-5 和图 6-1-6 所示。

图 6-1-5

图 6-1-6

2. 执行"文件"→"打开"菜单命令，打开砚台素材原图，如图6-1-7所示。

图 6-1-7

3. 现在砚台的背景色是白色，砚台和其辅助物的颜色与背景色相差较明显，选中魔术橡皮擦工具，单击原图空白处，砚台的背景色就去掉了，如图6-1-8所示。

图 6-1-8

4. 打开准备好的中国水墨画背景素材，把砚台拖到水墨画的背景中，执行"编辑"→"自由变换"菜单命令，调整砚台的大小和位置，如图6-1-9所示。

图 6-1-9

5. 为砚台更换合适背景的操作就基本完成了，为了使砚台看起来更真实，可以制作一些阴影。单击"图层"中"混合选项"，如图 6-1-10所示。

图 6-1-10

6. 在阴影选项中，选择不透明度为 35%，角度为 150 度，距离为 11 像素，扩展为 4%，大小为 10 像素，如图 6-1-11 所示。

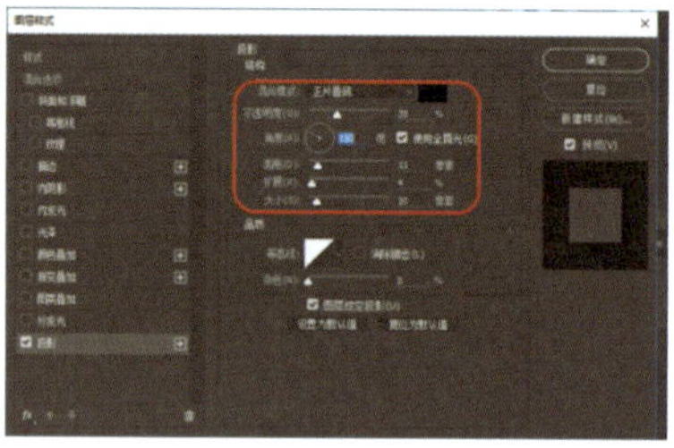

图 6-1-11

7. 最终效果就完成了，如图 6-1-12 所示，和原图相比，新图更有层次感，更上档次。

图 6-1-12

实训任务

给一幅女士服装图片变换颜色，并添加合适的背景。

6-2 千变万化的产品投影

运用 Photoshop 绘制产品阴影，广泛运用于淘宝店铺装修。做好投影，需要在投影的处理上多花时间，根据产品图片绘制不同的投影，表现出产品不同的特性。一个好的商家很注重产品的细节展示，做好产品投影能够使产品更立体，更有灵性，好的视觉效果往往能带来好的销路，利用投影来突显产品细节尤为重要。

6-2-1 利用图层样式绘制产品投影

下面以运动鞋产品为例，运用图层样式给运动鞋绘制一个投影，使运动鞋看起来更真实，更有立体感，跟背景更融合，如图 6-2-1 和图 6-2-2 所示。

图 6-2-1    图 6-2-2

【操作步骤】

1. 执行"文件"→"打开"菜单命令打开素材,如图 6-2-3 所示。

图 6-2-3

2. 选择原图选区:

在工具箱选中快速选择工具，选中背景。执行"选择"→"反向"菜单命令,将运动鞋选中，如图 6-2-4 所示。

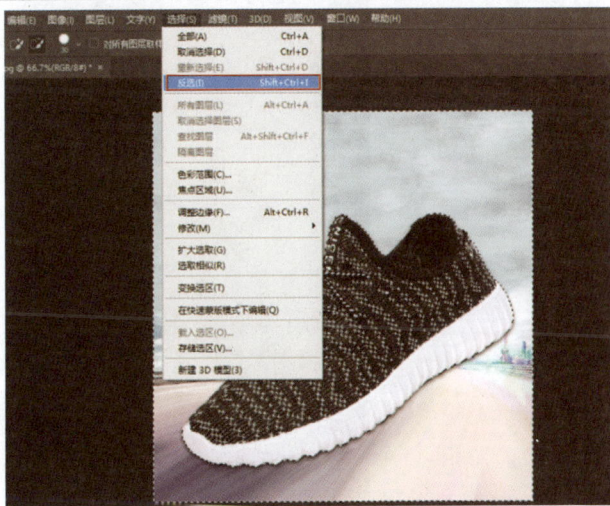

图 6-2-4

3. 拷贝图层:

执行"图层"→"新建"→"通过拷贝的图层"菜单命令,如图 6-2-5 所示。在图层面板中新建一个图层。

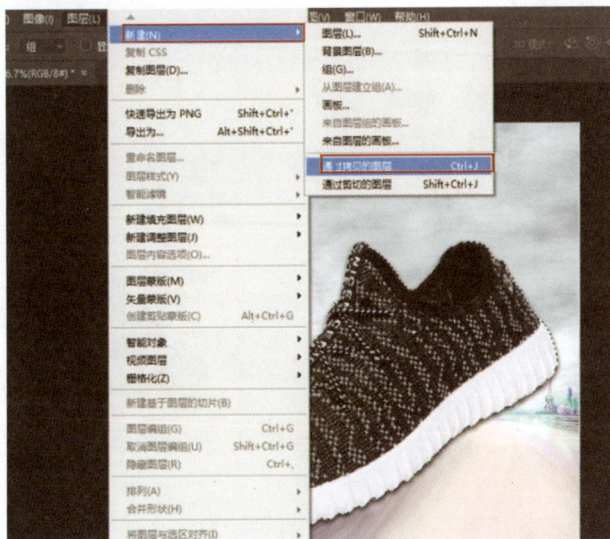

图 6-2-5

4. 添加投影样式：

单击"图层"面板下方的
"添加图层样式"按钮 fx 。
在弹出的菜单中单击"投影"
命令。设置投影参数(不透明
度为 75%，角度为 30 度，距
离为 5 像素，扩展为 0，大小
为 5 像素)，如图 6-2-6 所示，
单击"确定"按钮。

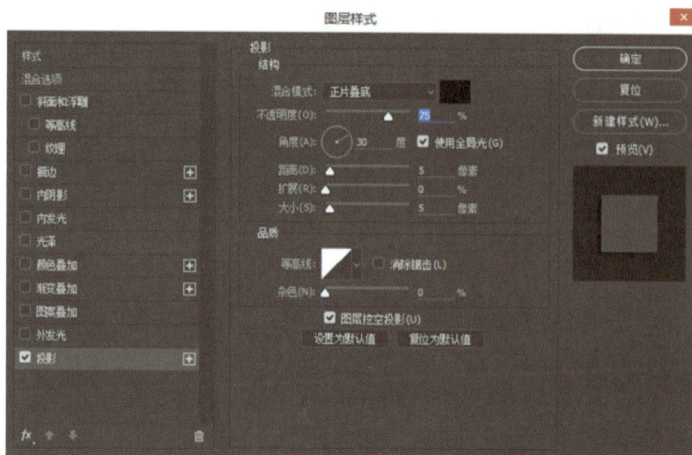

图 6-2-6

5. 创建投影图层：

在"图层"面板中"图层"
的效果或投影样式位置按鼠
标右键，在弹出的快捷菜单中
选择"创建图层"命令，将投
影创建为新图层，如图 6-2-7
所示。

图 6-2-7

6. 自由变换：

在"图层"面板中，选择
"图层 1"的投影图层。按
Ctrl + T 键进行自由变换，按
鼠标右键，打开图 6-2-8 中所
示的快捷菜单，选择"扭曲"
命令。

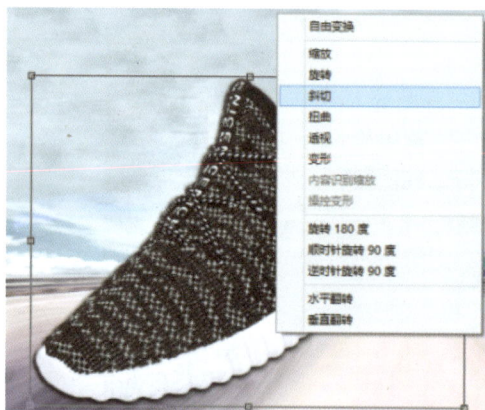

图 6-2-8

7. 对投影进行扭曲变换：

用鼠标向右拖动上面两点，设置投影的扭曲程度，如图 6-2-9 所示。

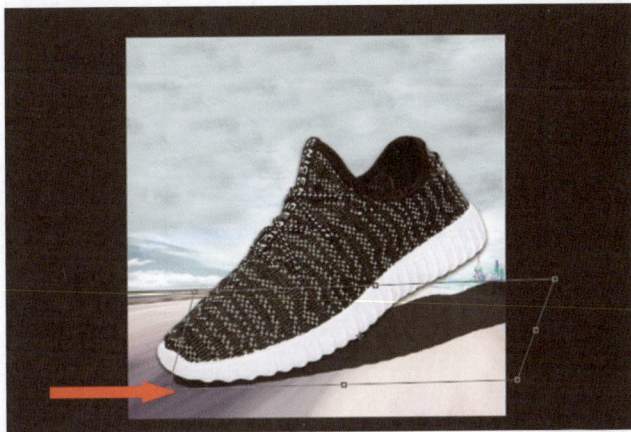

图 6-2-9

8. 设置图层不透明度：

选择"图层 1 的投影"这一图层，设置不透明度为32%，如图 6-1-10 所示。运动鞋的投影效果就完成了。

图 6-2-10

6-2-2 利用画笔工具绘制产品投影

有些产品需要投影的部分只是局部的，不适合用投影样式进行制作，这时可以利用画笔工具绘制，使投影更有灵性，使产品更有质感，如图 6-2-11 所示。

图 6-2-11

【操作步骤】

1. 执行"文件"→"打开"菜单命令，在打开对话框选择要打开的素材原图(银镯)。单击"打开"按钮，便可打开素材原图进行编辑，如图 6-2-12 所示。

图 6-2-12

2. 扩展画布大小：

执行"图像"→"画布大小"菜单命令，打开"画布大小"对话框，选中"相对"复选框。设置"宽度"和"高度"的值都为 5 厘米，"画布扩展颜色"为白色，如图 6-2-13 所示。

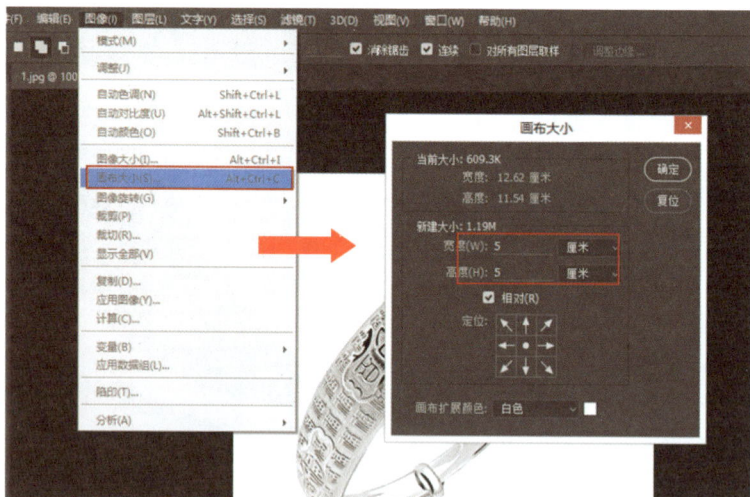

图 6-2-13

3. 选择白色画布：

选择工具栏中的魔棒工具。在选项栏中单击"添加到选区"。单击钻戒内部和外部白色背景区域，选中白色背景，如图 6-2-14 所示。

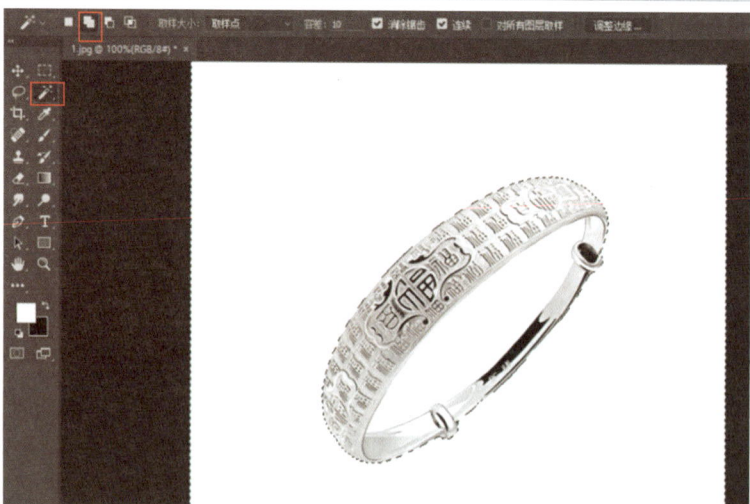

图 6-2-14

4. 反选产品：

执行"选择"→"反选"菜单命令，将钻戒选中，如图6-2-15所示。

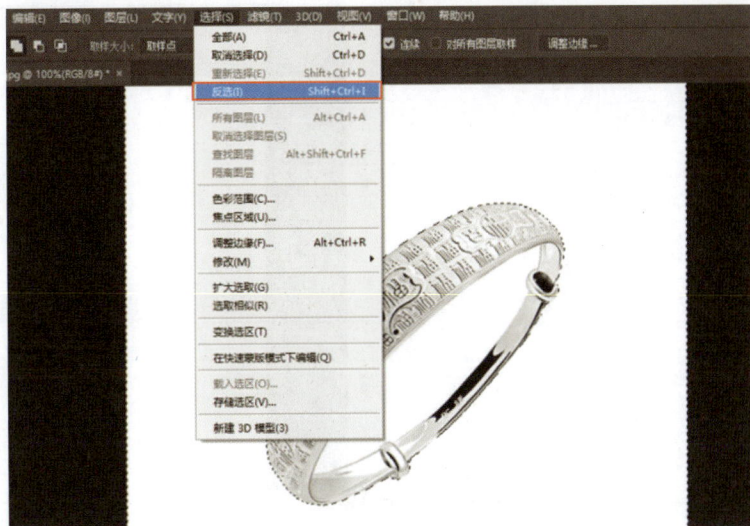

图 6-2-15

5. 拷贝新图层：

执行"图层"→"新建"→"通过拷贝的图层"菜单命令。

6. 创建新图层并调整顺序：

单击"图层"面板底部的"创建新图层"按钮。创建一个新的"图层 2"图层，如图6-2-16所示。

将"图层 2"图层拖动到"图层 1"图层的下方。

图 6-2-16

7. 绘制投影：

将前景色设置为灰色（R：211；G：214；B：217），如图6-2-17的左图所示；选择工具箱中的"画笔工具"。在选项栏中设置画笔的参数，如图6-2-17的右图所示。

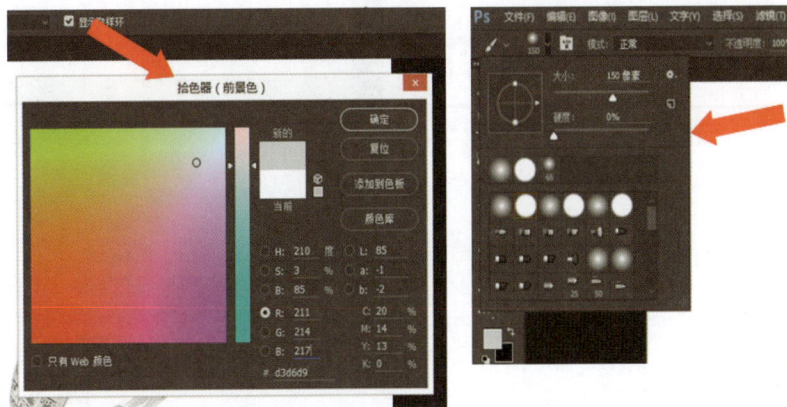

图 6-2-17

8. 拖动鼠标在钻戒下方绘制投影，注意中间稍宽些。如图 6-2-18 所示。

图 6-2-18

9. 进一步绘制投影：

按 Ctrl+T 组合键进行自由变换，在垂直方向适当缩小投影。然后再将其旋转一定的角度，如图 6-2-19 所示。

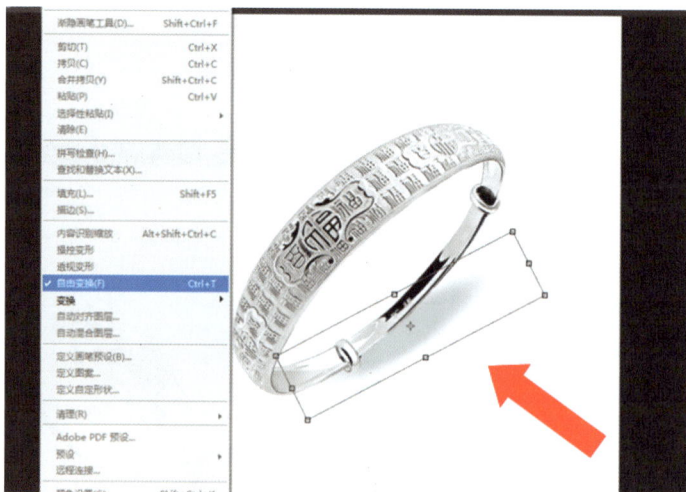

图 6-2-19

10. 对投影进行变形：

在画布中按鼠标右键，在弹出的快捷菜单中选择"变形"命令，调整控制点，改变投影形状，如图 6-2-20 所示。

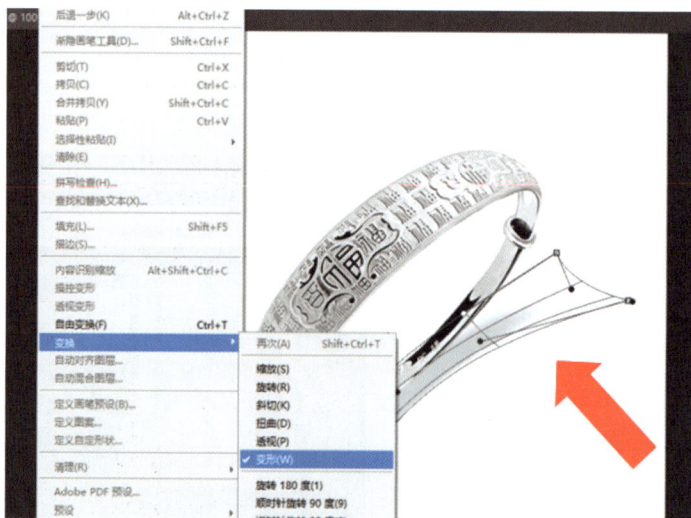

图 6-2-20

11. 进一步美化：

在"图层"面板中，将其"不透明度"设置为 80%，如图 6-2-21 所示。

图 6-2-21

6-2-3 为商品制作玻璃级倒影

利用蒙版方法给平板电脑制作玻璃级倒影，能够突显产品的品质。

【操作步骤】

1. 执行"文件"→"打开"菜单命令。在"打开"对话框中选择要打开的平板电脑素材，得到图 6-2-22 所示的结果。

图 6-2-22

2. 复制背景层并重命名该层：

在"图层"面板中，给"背景"复制一个图层，自动命名为"背景 拷贝"图层，如图 6-2-23 左图所示。双击"背景 拷贝"图层的图层名，将其激活。输入新的图层名称"玻璃倒影"，如图 6-2-23 的右图所示。

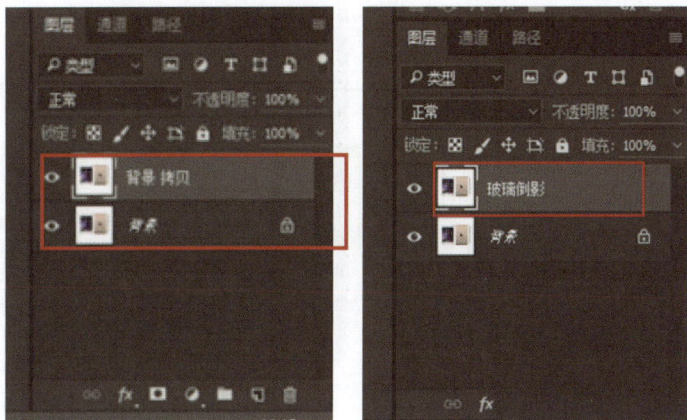

图 6-2-23

3. 翻转图像：

在"图层"面板中，选择"玻璃倒影"图层。按 Ctrl+T 组合键，进行自由变换。在画布中单击鼠标右键，从弹出的快捷菜单中，选择"垂直翻转"命令，如图 6-2-24 所示，将倒影垂直翻转。

图 6-2-24

4. 垂直移动倒影：

在"图层"面板中，单击选择"玻璃倒影"图层。选择工具箱中的"移动工具"。按住 Shift 键的同时向下移动倒影图像，如图 6-2-25 所示。

图 6-2-25

5. 修改图层混合模式：

移动图像时会发现一个问题，即白色的背景将覆盖下面的图像，怎么办呢，想想以前讲的图层混合模式。在"图层"面板中，选择"玻璃倒影"图层，设置该图层的混合模式为"正片叠底"，即可去除白色背景，如图 6-2-26 所示。

图 6-2-26

6. 显示全部图像：

　　由于移动了倒影的位置，使一部分图像位于画布之外，利用"显示全部"命令可以将其显示出来，该命令是非常实用的命令。执行"图像"→"显示全部"菜单命令，如图 6-2-27 所示，全部图像显示出来了。

图 6-2-27

7. 添加图层蒙版

　　在"图层"面板中，确认选择"玻璃倒影"图层 。单击面板底部的"添加图层蒙版"按钮，为其添加图层蒙版，如图 6-2-28 所示。

图 6-2-28

8. 设置"渐变工具"：

　　将前景色设置为白色，背景色设置为黑色。

　　单击工具箱中的"渐变工具"。单击选项栏中的渐变右侧的三角按钮。单击"前景色到背景色渐变"，如图 6-2-29 所示。

图 6-2-29

9. 编辑图层蒙版：

单击选项栏中的"线性渐变"按钮。在画布中从上向下拖动鼠标，填充渐变进行蒙版，并设置图层不透明度为 54%，如图 6-2-30 所示。

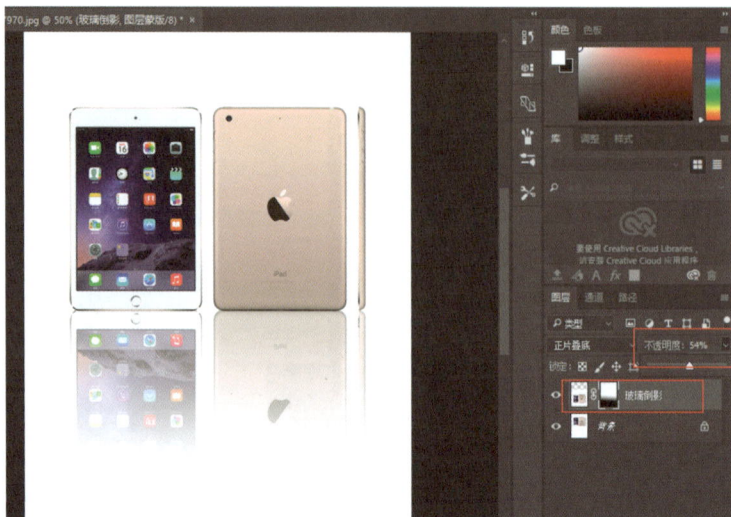

图 6-2-30

10. 裁切画布：

使用工具箱中的"裁剪工具" ，裁剪掉画布中多余的背景图像。

双击工具箱中的"缩放工具" ，以实际像素模式显示裁剪后的图像，这样就完成了本例的制作，结果如图 6-2-31 所示。

图 6-2-31

实训任务

为运动鞋、饰品、手机图片添加投影。

6-3　添加产品水印商标

有一定规模的淘宝店铺，产品图片都由摄影团队花费巨大的人力和财力拍摄，可以通过添加产品图片水印，以防止同行业店铺抄袭。为产品图片添加专属的水印商标，能够提升产品的专业性，一般运用比较浅的水印制作，不会影响产品的整体视觉效果，并且能够防止盗图。

6-3-1　添加产品透明水印

以男士领带为例，可以通过 Photoshop 给产品图片添加透明水印。

【操作步骤】

1. 执行"文件"→打开"菜单命令，打开领带原图素材，如图 6-3-1 所示。

图 6-3-1

2. 选择工具箱中的"横排文字工具" T ，在画布中单击鼠标，输入文字"nanshilingdai@126.com"，利用"字符"面板设置文字的各项参数(字体黑体，字号 30 点，颜色为白色)，如图 6-3-2 所示。

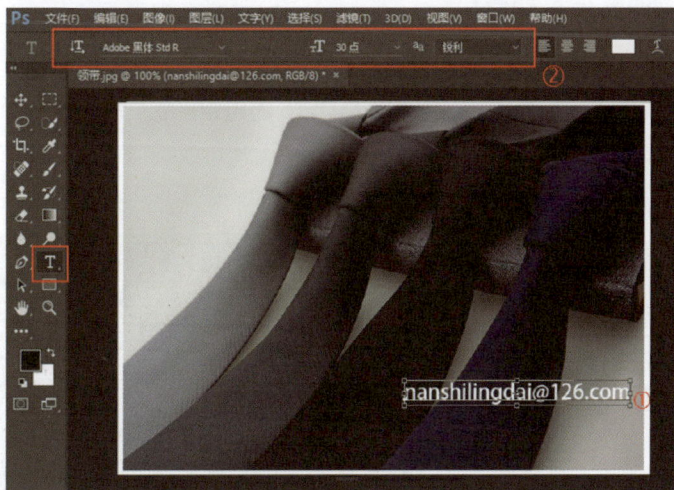

图 6-3-2

3. 单击"图层"面板底部的"添加图层样式"按钮 fx. ，从弹出的菜单中选择"外发光"。打开外发光对话框，设置外发光的参数(混合模式：滤色，不透明度：75%，发光的颜色为白色)，如图 6-3-3 所示。单击"确定"按钮。

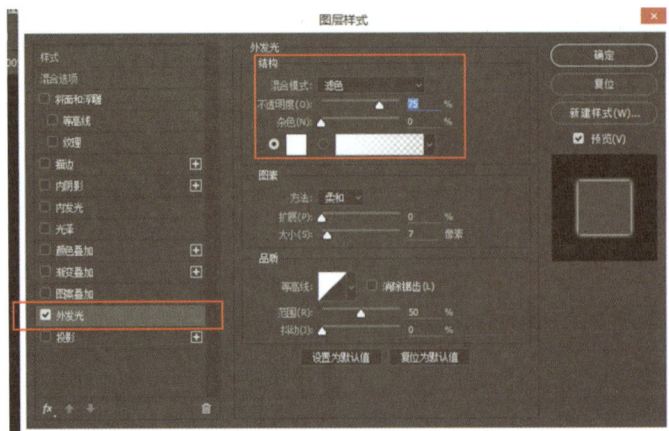

图 6-3-3

4. 在"图层"面板中,设置"填充"的值为 0%,填充值高低只影响图层样式的透明度,不会影响原图,一个简单的水印就制作好了,如图 6-3-4 所示。

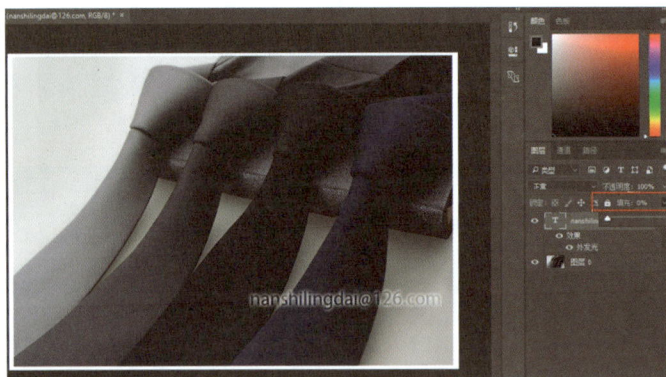

图 6-3-4

6-3-2 为产品图片添加商标及版权

商标是一个店铺的整体形象的浓缩,具有独特性和个性化的特征,在制作商标时,如果只是单纯的添加文字,会显得特别单调,我们以腰带为例,利用 Photoshop 的自定形状制作一个简单的商标。然后添加一个版权。

【操作步骤】

1. 执行"文件"→"打开"菜单命令,使用"打开"对话框中,打开腰带素材原图,如图 6-3-5 所示。

图 6-3-5

2. 载入自定义形状样式：自定义形状工具中自带的图案有限，可以填充一些自定义图案素材，执行"编辑" → "预设" → "预设管理器设"菜单命令，打开预设编辑器，预设类型选择"自定义形状"（也可以通过这个方法添加画笔、渐变等样式），单击"载入"按钮，打开"载入"对话框，找到 CSH 素材文件，单击"载入"按钮，如图 6-3-6 所示。

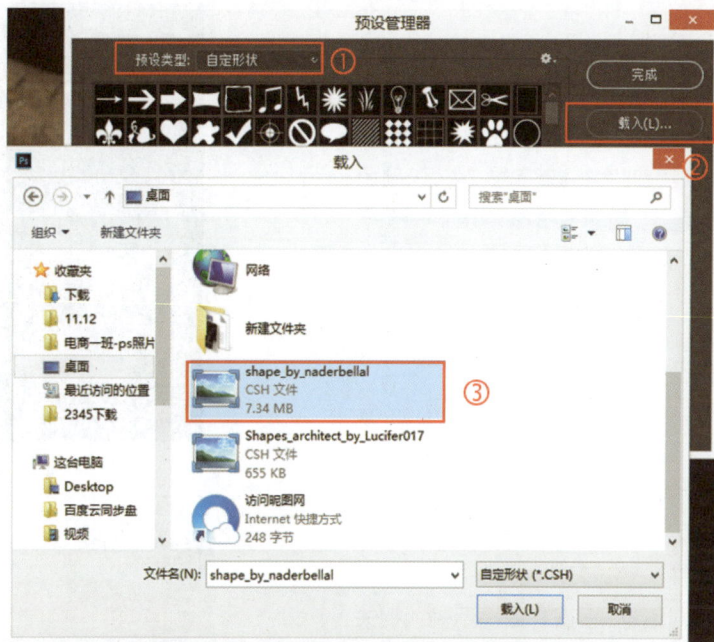

图 6-3-6

3. 编辑自定义形状：选择工具箱中的"自定形状工具" ![icon]，在选项栏中设置"形状"模式，填充设置为#271909。单击工具选项栏中"形状"右侧的下拉选项按钮，在打开的图形选择框中选择"人脸"形状，如图 6-3-7 所示。

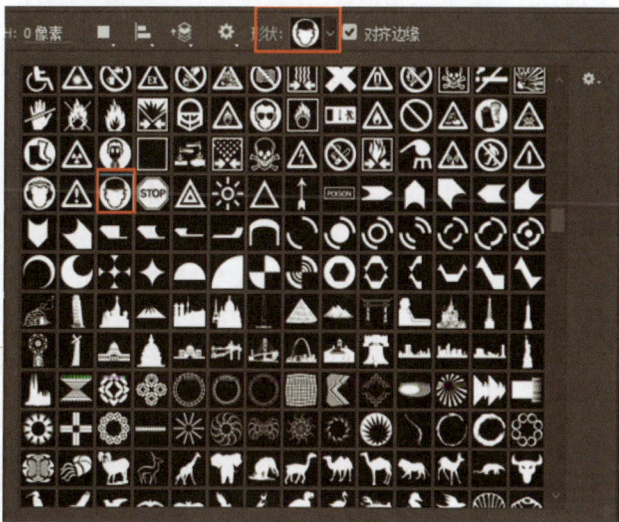

图 6-3-7

4. 绘制自定义形状：在画布中拖动鼠标，绘制一个人脸形状。在"图层"面板中，可以看到生成了一个"形状 1"新图层。在"路径"面板中，同时也生成了一个矢量蒙版路径，如图 6-3-8 所示。

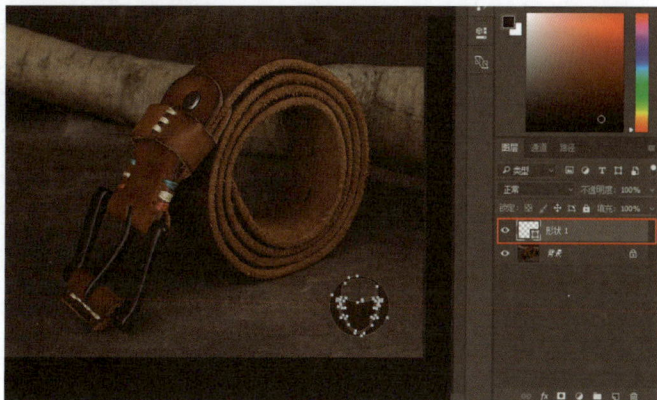

图 6-3-8

5. 添加文字：选择工具箱中"横排文字"工具，在画布中单击，输入文字"LaoRenTou"，利用"字符"面板设置文字参数(字号 24 点，颜色为白色)，如图 6-3-9 所示，一个个性化的商标就绘制完成了。

图 6-3-9

6. 继续操作，添加版权。执行"文件" → "文件简介"菜单命令，打开对话框。根据参数提示输入相关的信息，如文档标题"腰带"；关键字"纯皮；男士；腰带"；版权状态"受版权保护"；版权公告"未经允许，不准转载"；版权信息"www.xxx.com"等（关键字主要用于网络搜索时使用)，如图 6-3-10 所示。

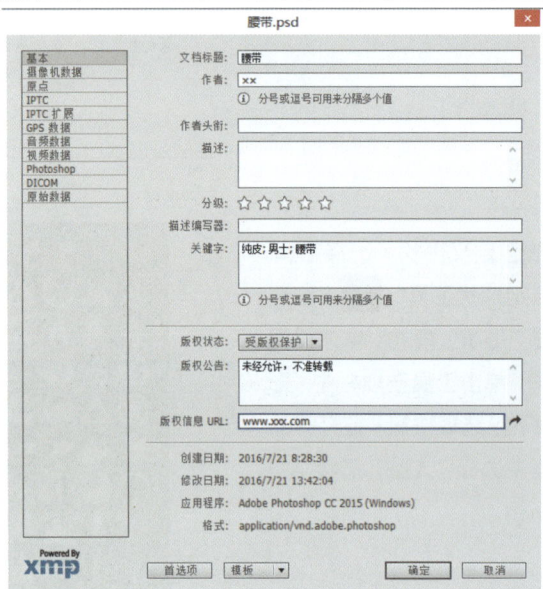

图 6-3-10

7. 单击"确定"按钮，在文件名前面会出现版权信息(c)，做完后存储为想要的格式，这个文件就受版权保护了，如图 6-3-11 所示。

图 6-3-11

实训任务

给一幅茶叶图片添加商标、版权及水印。

6-4　修整商品图片

产品在使用过程中会有各种损坏的问题出现，可以利用 Photoshop 修整产品图片或去除水印，从而使产品图片恢复原貌。

6-4-1　轻松修补残缺的商品照片

【操作步骤】

打开商品图片，发现花瓶原图上有一些残缺，如图 6-4-1 所示。

图 6-4-1

1. 选择与设值修补工具：

选择工具箱中的修补工具 ，在选项栏中设置"修补"为正常，并选择"源"单选按钮。在画布中沿白色残缺的边缘绘制选区将其选中，如图 6-4-2 所示。

提示：选择"源"单选按钮，表示将选区定义为想修复的区域；选择"目标"单选按钮，表示将选区定义为取样区域。

图 6-4-2

2. 修补残缺：

将光标移动到选区中，光标呈 状。

按住鼠标左键将该选区拖动到与该处图像最接近的颜色区域，松开鼠标即可将其修复，如图 6-4-3 所示。

图 6-4-3

6-4-2　轻松去除多余图像

【操作步骤】

1. 分析照片：

打开素材原图，从打开的商品照片中可以看到，在存钱罐的右侧有一个木座椅，如图 6-4-4 所示，现在要将木座椅去除。

图 6-4-4

2. 绘制选区：

选择工具箱中的多边形套索工具 。在选项栏中确认"羽化"的值为 0 像素。在画布中拖动鼠标将木椅沿外沿选中，如图 6-4-5 所示。在绘制选区时，要注意选区要大于沙发的大小。

图 6-4-5

3. 执行"填充"命令：

执行"编辑"→"填充"菜单命令，打开"填充"对话框。

在"内容"右侧的下拉菜单中，选择"内容识别"选项，单击"确定"按钮，可以看到大部分的木椅已经被去除，如图 6-4-6 所示。

如果局部图像没有清理干净，可重复上面的操作。

图 6-4-6

6-4-3 去除产品水印

打开素材原图，如图 6-4-7 所示。可以看到，水印覆盖在产品图片上，可以利用内容识别快速去除水印。

图 6-4-7

【操作步骤】

1. 选择工具箱中的"矩形选框工具" 。在选项栏中确认"羽化"的值为 0 像素。在画布中拖动鼠标将水印选中。如图 6-4-8 所示。

图 6-4-8

2. 内容识别填充：

按 Shift+F5 组合键打开"填充"对话框，再选择"内容识别"选项。单击"确定"按钮，即可去除水印，如图 6-4-9 所示。

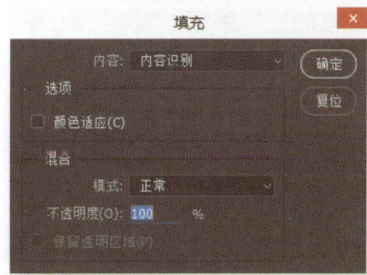

图 6-4-9

3. 按 Ctrl+D 组合键取消选区，这样就完成了本例的制作，如图 6-4-10 所示，效果不错吧。

图 6-4-10

实训任务

给一幅化妆品图片修图及去除水印。

6-5 打造高质感包包

包包在淘宝的销量不错，它的质量要求比其他类商品要求要高，因为包包有许多材质，因此处理这类商品图片时，要注重品质和质感，打造高品质的包包。

6-5-1 打造高品质钱包

【操作步骤】

1. 打开文件：

执行"文件"→"打开"菜单命令，打开真皮钱包素材图片，如图 6-5-1 所示。

图 6-5-1

2. 调整"亮度/对比度"：

单击"图层"面板底部的"创建新的填充或调整图层"按钮 。在弹出的菜单中选择"亮度/对比度"命令，如图 6-5-2 所示。在"属性"面板中，将"亮度"的值设置为 40，将"对比度"的值设置为 30。

图 6-5-2

3. 调整"色彩平衡"：

单击"图层"面板底部的"创建新的填充或调整图层"按钮 ，在弹出的菜单中选择"色彩平衡"命令。

3.1 调整"阴影"：在"属性"面板中，设置"色调"为"阴影"。将阴影的颜色调整为偏蓝色，其值为 10，如图 6-5-3 所示。

图 6-5-3

3.2 调整"中间调":在"属性"面板中,设置"色调"为"中间调"。将中间调的颜色调整为偏黄色,基值为-10,如图 6-5-4 所示。

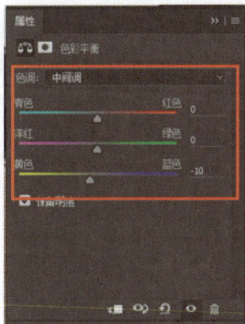

图 6-5-4

3.3 调整"高光":在"属性"面板中,设置"色调"为"高光"。将高光的颜色调整为偏红色,基值为 10,如图 6-5-5 所示。

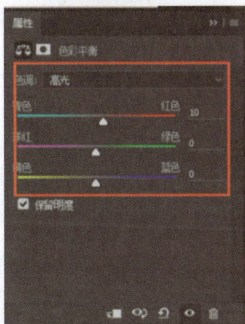

图 6-5-5

4. 选择"减淡工具":

按 Ctrl+Shift+E 组合键,合并可见图层。然后选择工具箱中的"减淡工具",如图 6-5-6 所示。

图 6-5-6

5. 设置减淡工具参数:

在选项栏中选择"范围"为"中间调",选择 60 像素的柔角笔触,如图 6-5-7 所示。

图 6-5-7

6. 擦出商品色泽：

使用"减淡工具"在牛皮钱包的高光处适当进行涂抹；以同样的方法适当涂抹其他凸出部分，以擦出高光，用来显示出商品的色泽，如图 6-5-8 所示。

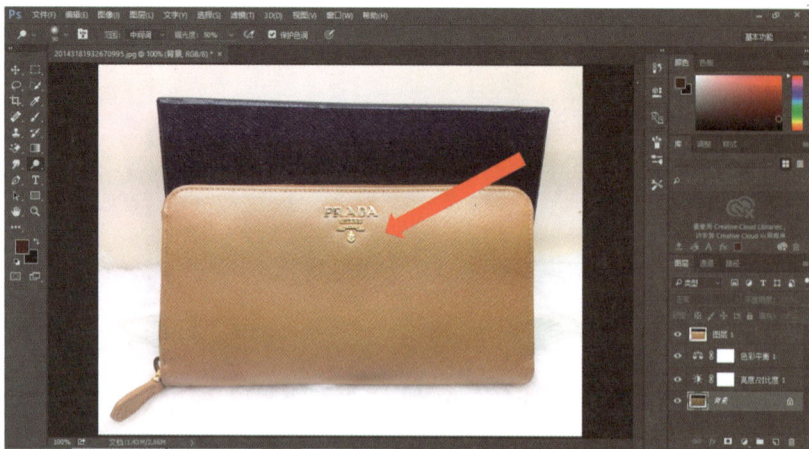

图 6-5-8

7. 突出产品细节：

执行"滤镜"→"锐化"→"USM 锐化"菜单命令，设置数量为 65%，半径的值为 1 像素，单击"确定"按钮，最终效果如图 6-5-9 所示。

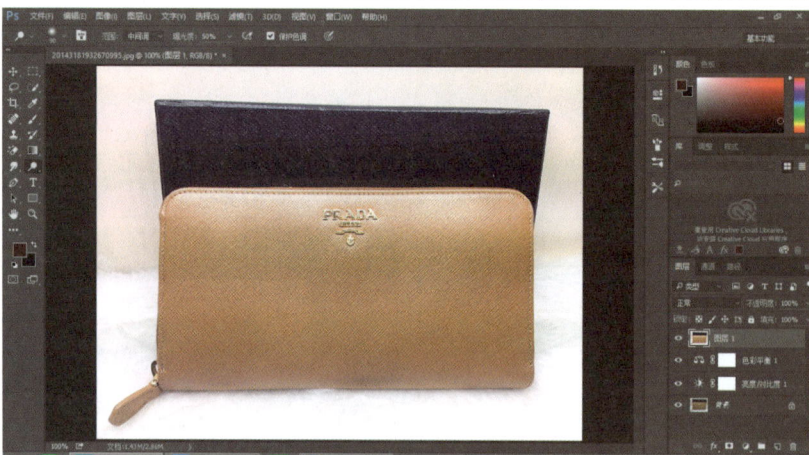

图 6-5-9

6-5-2　做好包包的细节

【操作步骤】

1. 打开文件：

执行"文件"→"打开"菜单命令，打开背包素材图片，如图 6-5-10 所示。

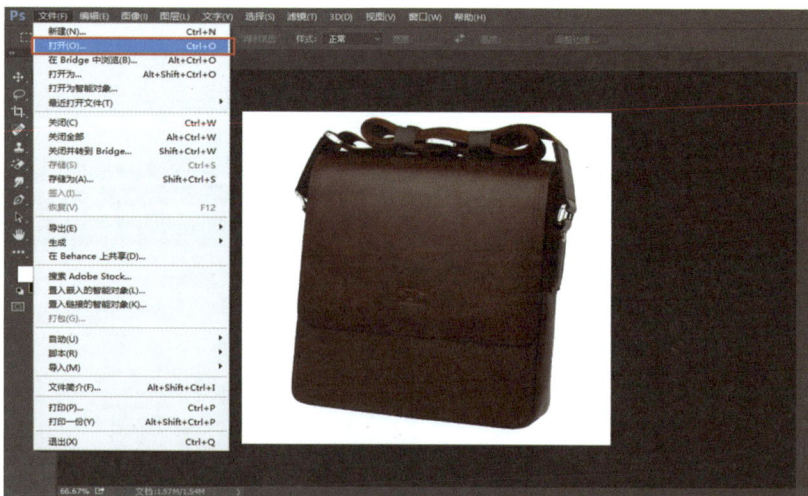

图 6-5-10

2. 抠图：

首先不是抠图！记住，第一步必须是按 CTRL+J 组合键，复制图层，做好备份，这是一个必须养成的好习惯！然后用钢笔工具把包盖抠出来，利用包盖做出立体感是非常重要的，如图 6-5-11 所示。

图 6-5-11

3. 设置前景色、背景色：

分析之后，发现包盖是重中之重，于是抠出包盖，用吸管工具 吸取包盖上的 "明部" 与 "暗部"，加以调整，用作重绘包盖的两种 "颜料"。单击工具栏中颜色设置按钮，把这两种颜色分别设置为前景色 (#77645d) 和背景色 (#270f0b)。

4. 绘制高光：

用画笔工具对包盖进行涂抹，参数为：画笔样式——柔边圆，不透明度——45%，流量——45%，如图 6-5-12 所示。

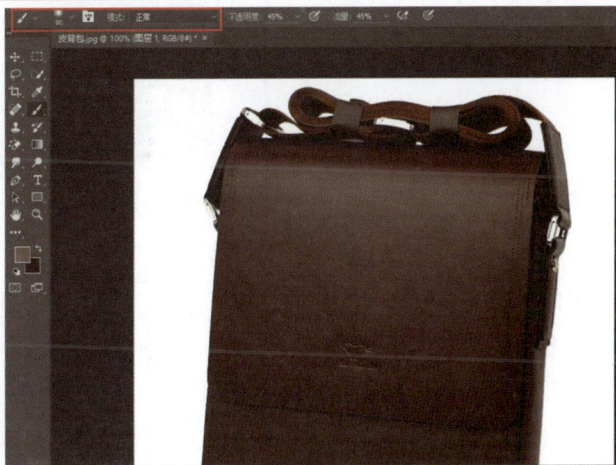

图 6-5-12

5. 绘制暗部：

绘制上方和下方的暗部。绘制上部小范围暗部，如图 6-5-13 所示。

图 6-5-13

6. 创建图层：

绘制完包盖后，立体感已
经出来了，现在新建一个调整
图层，把亮度提起来，调整图层
曲线，提高亮度，如图 6-5-14
所示。

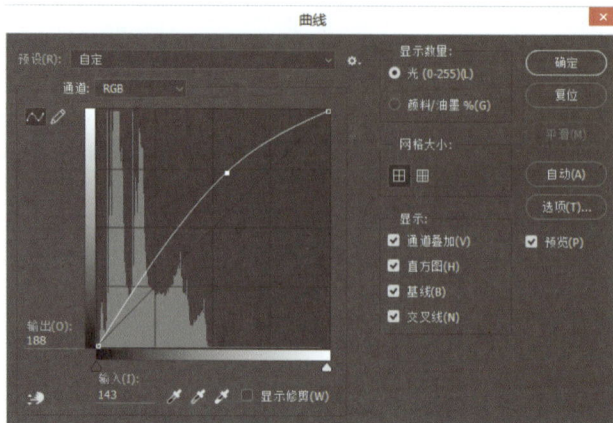

图 6-5-14

7. 调整色阶：

对除包盖外的背景图层添
加一个色阶调整图层，调整色
阶，增加明暗对比度，以增加
立体感，如图 6-5-15 所示。

图 6-5-15

8. 使用锐化工具：

选择工具栏的锐化工具
▲，对包包上的五金、标志进
行锐化处理 提亮。如图 6-5-16
所示。

图 6-5-16

9. 优化细节：

最后，要把包包的颜色调整准确，程度自己拿捏，目的是让修出的图片更加接近真实！

实训任务 ▶

为一幅女包产品调色，让产品看起来更加精致。

6-6 家电产品后期质感处理

家电类产品虽是大件物品，但是近年来在淘宝网上的销售量也出现猛增，人们对品牌、产品、售后服务越来越注重，因此作为大件物品的后期处理也需要多下工夫。电商拍摄工作量较大，后期处理时间有限，因此在处理图片时要注重方法。

6-6-1 小家电放光彩

【操作步骤】

1. 打开文件：

执行"文件"→"打开"菜单命令，打开家电产品素材图片，如图 6-6-1 所示。

图 6-6-1

2. 调整背景：

选择魔术橡皮擦工具，单击图像白色背景，把背景去掉（应用于纯色背景），如图 6-6-2 所示。

图 6-6-2

3. 调整产品位置：

按 Ctrl+T 组合键进行自由变换，调整小家电的大小和位置，避免做到最后发现物体的大小和位置不正，如图 6-6-3 所示。

图 6-6-3

4. 调整亮度/对比度：

执行"图像"→"调整"→"亮度/对比度"菜单命令，将亮度值更改为 6，将对比度值更改为 50，如图 6-6-4 所示。

图 6-6-4

5. 利用明暗对比增强立体感：

复制图层 1，增加图层拷贝 1，单击图层面板下方的蒙版按钮 ■，在图层拷贝 1 上做蒙版，设置图层样式为"正片叠底"，加深暗部，如图 6-6-5 所示。

图 6-6-5

6. 处理细节：

使用加深工具 ●，把小家电的四周加深，增强立体感，如图 6-6-6 所示。

图 6-6-6

7. 制作背景：

新建图层 2，利用渐变工具 ■，填充背景，如图 6-6-7 所示。

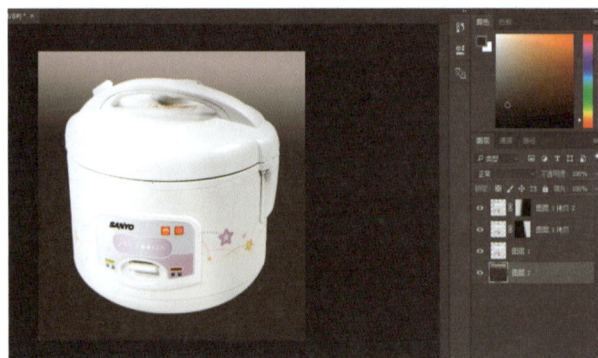

图 6-6-7

6-6-2　家电产品的后期质感修图

【操作步骤】

1. 打开文件：

执行"文件"→"打开"菜单命令，打开洗衣机素材图片，如图 6-6-8 所示。

图 6-6-8

2. 抠图：

选择钢笔工具 ⬙ ，根据洗衣机造型，抠出洗衣机（按住ALT 键收尾）。在路径中可以看出我们已经画出的路径，如图6-6-9 所示。

图 6-6-9

3. 调形：

利用修补工具 ⬙ ，去掉污点和标签，操作方法：拖动鼠标画出选区，拖至表面光滑的区域。如图 6-6-10 所示。

图 6-6-10

4. 增强图形的立体感和光感：

4.1　为增强洗衣机顶盖效果，先抠出洗衣机顶盖部分的图形，按 Ctrl+J 组合键复制图层，把复制图层 3 得到的图层命名为图层 4，如图 6-6-11 所示。

图 6-6-11

4.2　按 Ctrl+J 组合键再复制一个图层，生成图层 4 副本，设置图层样式为叠加，不透明度 63%，如图 6-6-12 所示。

图 6-6-12

4.3　复制图层 4，命名为图层 5、图层 5 副本，给图层 5、图层 5 副本添加图层蒙版，将中间部分提亮，亮度不够可以再复制一个滤色层，如图 6-6-13 所示。

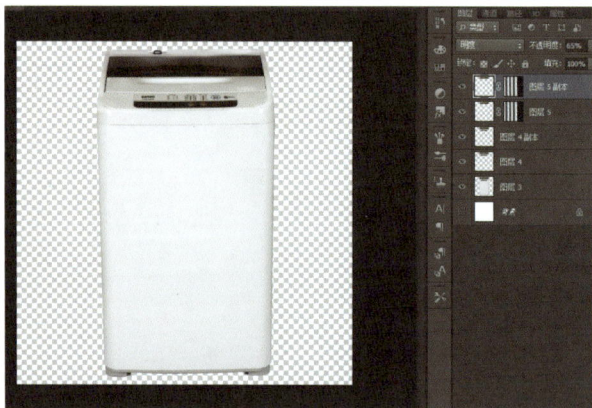

图 6-6-13

4.4　完成顶部图形后，观察整体效果，可以利用画笔工具给机身加个高光条，如图 6-6-14 所示。

图 6-6-14

5. 添加背景修饰：

把准备好的背景放到洗衣机后面，洗衣机商品图形就完成了，如图 6-6-15 所示。

图 6-6-15

为一幅空气净化器图片修图调色及制作主图。

6-7　让你的服装更出彩

服装类产品在淘宝的销售量和卖家数量巨大，很多新手卖家对于服装类的图片处理没有经验，往往给客户一种粗制滥造、质量较差的感觉，如何打造高品质又不失时尚感的服饰图片就显得非常重要，还有一些卖家拍摄的服装图片不能吸引客户的关注，也可以通过后期处理达到理想效果。

6-7-1　巧用操控变形工具改变衣服形状

【操作步骤】

1. 打开文件：

执行"文件"→"打开"菜单命令，打开服装素材图片，如图 6-7-1 所示。通过观察，发现这张拍摄图中西装的袖子过于呆板，可以利用操控变形工具来改变袖子的位置，让图片更有灵性。

图 6-7-1

2. 魔术橡皮擦抠图：

现在西服背景是纯白色，使用工具箱中的魔术橡皮擦工具 ，单击白色背景，便可迅速抠图（如果背景颜色复杂可用钢笔工具抠图），如图 6-7-2 所示。

图 6-7-2

3. 使用操控变形工具：

选中服装图层，执行"编辑"→"操控变形"菜单命令，选择完成后，鼠标指针变为图钉样式。

3.1　设置操作变形工具选项：

工具选项栏中，"模式"代表变形力度；"浓度"用来调整网格大小，现在选择模式为正常，浓度为正常,勾选显示网格选项，将各个参数调整到合适大小，扩展调整为两个像素。如图6-7-3 所示。

图 6-7-3

3.2　图钉定位

把鼠标指针移到西服上，指针变成图钉形状，单击西服的任意位置都可以生成一个钉点。我们要设置的是袖子的位置，可以分别单击两肩，生成两个钉点①和②，再单击两袖口位置，生成钉点③和④，并固定西服下面⑤和⑥，如图 6-7-4 所示。

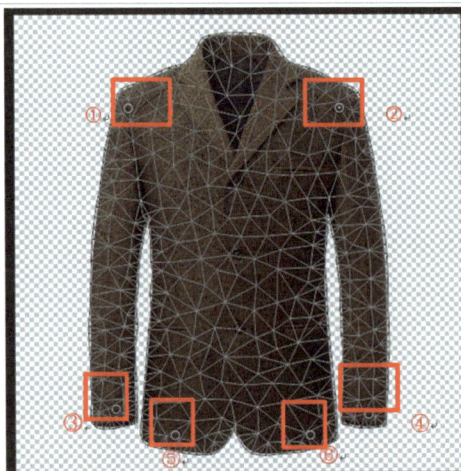

图 6-7-4

3.3　操作变形

取消显示网格，用鼠标拖动西服的袖子位置，便可以改变袖子位置，使图片更有灵性，完成后，按回车键确定，如图 6-7-5 所示。

图 6-7-5

4. 添加背景

最后给西服添加一个背景，新建一个图层，执行"编辑"→"填充"菜单命令，打开填充对话框，选择"前景色"，给西服加背景，图片就完成了，如图 6-7-6 所示。

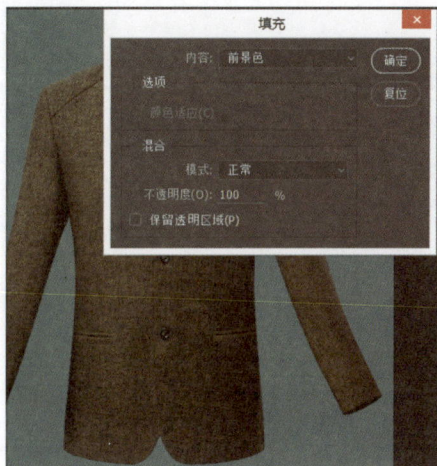

图 6-7-6

6-7-2 让 T 恤更有型

在拍摄服装的平铺图时，衣服容易出现褶皱，为了节约成本和节省时间，可以利用 Ps 进行后期处理。

【操作步骤】

1. 打开文件：

执行"文件"→"打开"菜单命令，打开服装素材图片，如图 6-7-7 所示。

图 6-7-7

2. 创建新图层：

按 Ctrl+J 组合键复制图层，创建图层 1 副本。单击新建的背景副本图层的小眼睛，选择该图层进行制作，如图 6-7-8 所示。

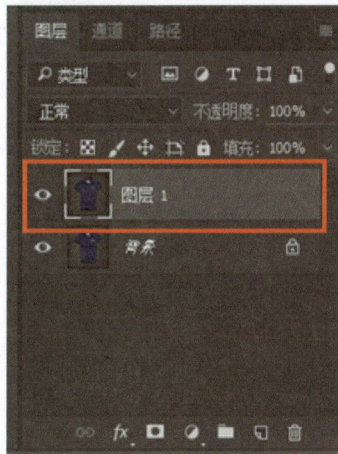

图 6-7-8

3. 抠图：

可以利用快速选择工具 巧妙地抠图。在工具栏中，选择"快速选择工具"，用鼠标选择 T 恤的背景，选择完成后，按 Delete 键删除背景，如图 6-7-9 所示。

图 6-7-9

4. 选取参照图：

打开参照图，如图 6-7-10 所示；选择钢笔工具 ，在工具选项栏选择"形状"，填充为红色，把衣服形状勾选出来，如图 6-7-11 所示。

图 6-7-10　　图 6-7-11

5. 把勾画出的参照图的形状移至形状 1 图层，把图层透明度设置为 45%，如图 6-7-12 所示。

图 6-7-12

6. 把形状 1 图层拖到原图 T 恤文件里，利用 Ctrl+T 键进行自由变换，按住 Shift+Alt 组合键，以中心等比例放大，并调整至合理大小，使调整后的衣服形状和原图 T 恤图层相似，如图 6-7-13 所示。

图 6-7-13

7. 选择液化工具：

执行"滤镜"→"液化"菜单命令，进入液化界面，在液化窗口的右下方勾选"显示背景"，以保证有对照图可以参照，如图6-7-14所示。

图 6-7-14

8. 调整图片：

选择向前变形工具 ，将画笔大小调整得稍大些，使得液化效果更加自然。拖动画笔进行调整，使原图与对照图形状相同，如图 6-7-15 所示。

为了使照片更加自然，需要对齐原图与参照图的肩点、腋窝点、领部，其中袖口与下摆的接缝点要与参照图的直角点对齐。

提示：1.可以巧妙利用冻结蒙版工具 和解冻工具 进行液化。

图 6-7-15

9. 创建选区：

按住 Ctrl 键，单击参照物的形状图层，在参照物的图层中创建选区，然后执行"选择"→"反选"菜单命令，如图 6-7-16 所示。

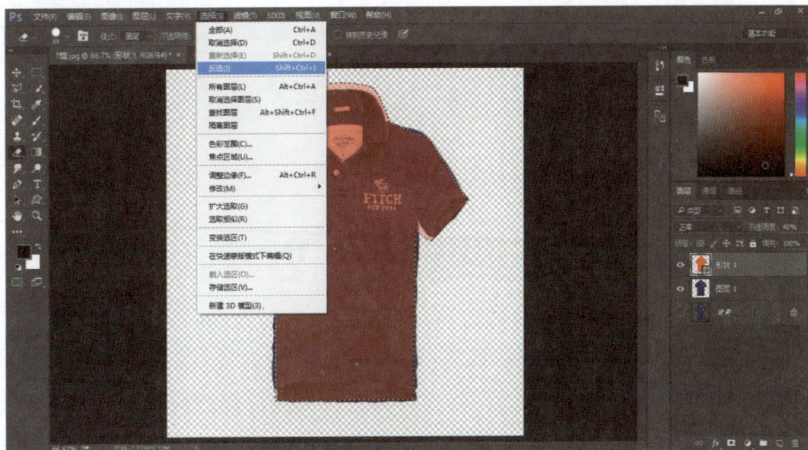

图 6-7-16

10. 擦除多余背景：

选中背景副本图层 1。在工具栏中选择橡皮擦工具，擦除多余的地方，如图 6-7-17 所示。

图 6-7-17

11. 修饰细节：

在工具栏中选择图章工具，结合按 Alt 键修复细节，添加背景颜色，T 恤图形就基本处理完了，如图 6-7-18 所示。

图 6-7-18

实训任务

对一幅男士牛仔裤图片进行变形调整，让产品看上去更有型。

6-8　打造奢华迷人珠宝首饰

网店产品需要根据客户的需求和产品特性修图，因产品种类、材质繁多，因此在处理过程中要凸显材质的特性及优点。珠宝首饰类产品价值较高，因此要通过产品修图，体现出奢华高档的品质，对产品细节的把握非常重要，例如玉器类珠宝要凸显其晶莹剔透的特性，金属类首饰要凸显其夺目闪耀的特性。

6-8-1　玉器的图片处理

相对于别的修图，玉器类的产品修图较难，要通过对产品图片的处理体现产品晶莹剔透的特点，先看一下玉器处理前后的对比图，如图 6-8-1 和图 6-8-2 所示。

图 6-8-1

图 6-8-2

【操作步骤】

1. 执行"文件"→"打开"菜单命令，打开玉器素材原图。

2. 选择工具箱中的减淡工具 ，在选项栏中设置范围为中间调，大小为 60 像素的柔角笔触，如图 6-8-3 所示。

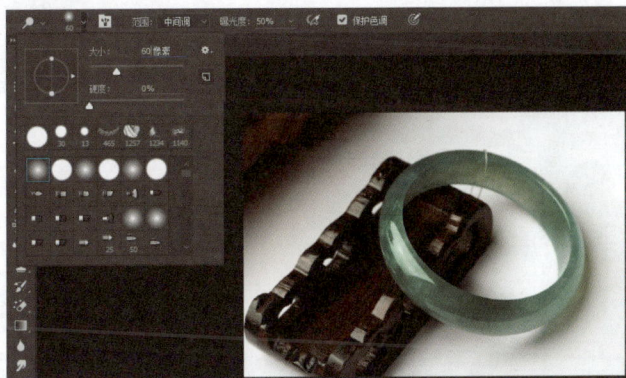

图 6-8-3

3. 使用减淡工具，在手镯下方的高光部位①涂抹。以同样的方法，对手镯上方的内边缘部位②适当涂抹，使边缘突显出质感与亮度，如图 6-8-4 所示。

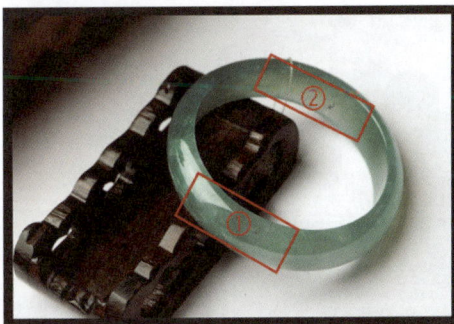

图 6-8-4

4. 单击"图层"面板底部的"创建新的填充或调整图层"按钮，在弹出的菜单中选择"色相/饱和度"命令，打开"属性"面板。在"属性"面板中，设置为"全图"通道，将"饱和度"的值更改为 30，如图 6-8-5 所示。

图 6-8-5

5. 单击"图层"面板底部的"创建新的填充或调整图层"按钮，在弹出的菜单中选择"照片滤镜"命令，打开"属性"面板，在"属性"面板中，设置"滤镜"颜色为"绿"。将"浓度"值更改为 20%，如图 6-8-6 所示。

图 6-8-6

6. 单击"图层"面板底部的"创建新的填充或调整图层"按钮，在弹出的菜单中选择"可选颜色"命令，打开"属性"面板，在"属性"面板中，设置"颜色"为"绿色"，然后再分别将"青色"和"黄色"的值更改为-15 和-16，如图 6-8-7 所示。

图 6-8-7

7. 在"图层"面板中，添加一个"色阶"调整图层,如图 6-8-8 所示。

图 6-8-8

8. 更改"色阶"的值为(23，1.85，255)，这样就完成了最终效果的制作，如图 6-8-9 所示。

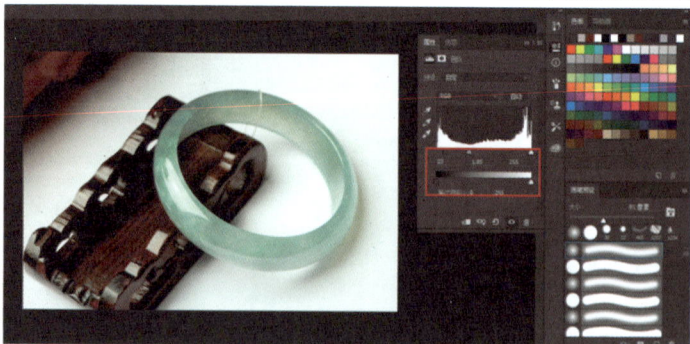

图 6-8-9

6-8-2 白金戒指的图片处理

金属物体的反光面比较多，多受环境光线的影响，戒指的物体又比较小，因此修复处理非常复杂，需要细致地修复每个细节，先来看一下一个戒指处理前后的对比图，如图 6-8-10 和图 6-8-11 所示。

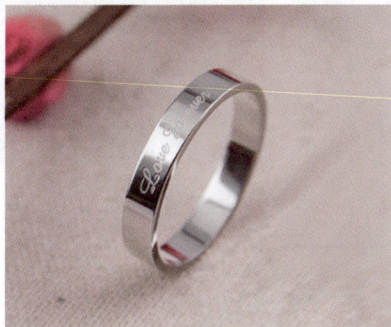

图 6-8-10

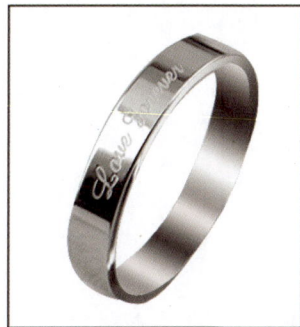

图 6-8-11

【操作步骤】

1. 执行"文件"→"打开"菜单命令，打开戒指素材原图。

2. 用钢笔工具 对戒指抠图，如图 6-8-12 所示，抠图时要仔细观察每个细节，可借助缩放工具 放大戒指原图。

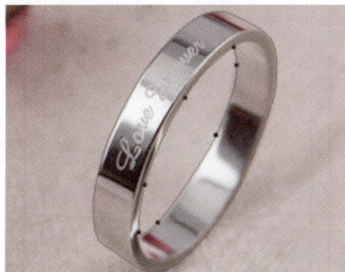

图 6-8-12

3. 抠图后，给戒指替换一个白色背景，如图 6-8-13所示。

图 6-8-13

4. 执行"图像"→"调整"→"去色"菜单命令，给图片去色，结果如图 6-8-14所示。

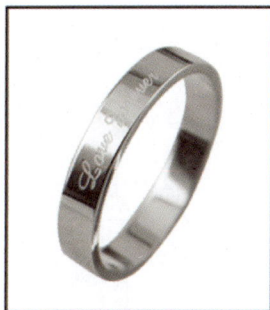

图 6-8-14

5. 执行"图像"→"调整"→"色阶"（50，1，245）菜单命令，让戒指看起来更亮一些，如图 6-8-15 所示。

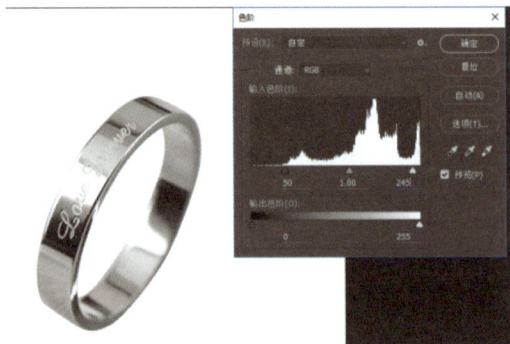

图 6-8-15

6. 制作戒指内环的金属阴影。这一步骤可以用很多方法完成，本例采用渐变工具 ，先用钢笔工具 作出戒指内环的选区，如图 6-8-16 所示。

图 6-8-16

7. 根据戒指内环原有的色彩变化，调整渐变工具的渐变色，如图 6-8-17 所示，渐变之后，画面有点生硬，可执行"滤镜"→"杂色"→"添加杂色"（2%）菜单命令，适当加少量杂点，如图 6-8-18 所示。至此，内环就做完了。

图 6-8-17

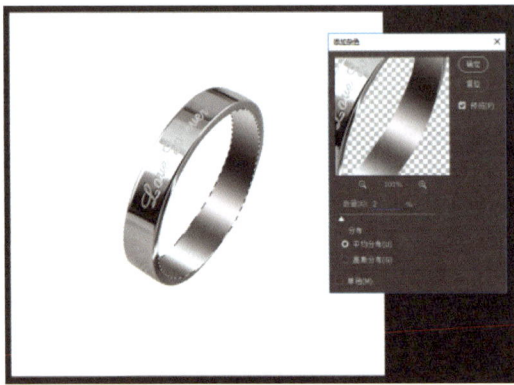

图 6-8-18

8. 再来调侧面，和上面步骤一样，用钢笔抠出选区，编辑渐变颜色，用杂色给出质感来，制作出侧面，如图6-8-19 所示。整个制作就完成了。

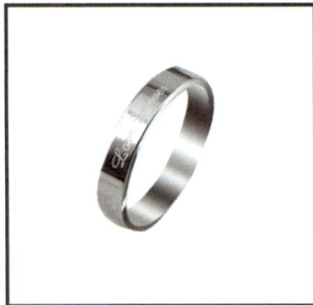

图 6-8-19

实训任务

对一幅玉坠及戒指图片修图，让产品看上去更有质感。

6-9 打造高质感皮鞋

鞋类产品在网店销售中占有非常重要的地位，在线上购买产品无法在感官上直接接触，而对鞋类产品，消费者无法试用，更愿意获得感官上的感触，这就需要通过活灵活现的图片来实现了。

【操作步骤】

1. 执行"文件"→"打开"菜单命令，打开皮鞋原图，如图 6-9-1 所示。

图 6-9-1

2. 复制通道：

复制背景图层，新建背景图层副本，在右侧活动面板处通道选项中，找对比最大的通道，复制绿色通道，按 Ctrl+M 组合键调整绿色通道副本的曲线对比度，如图 6-9-2 所示。

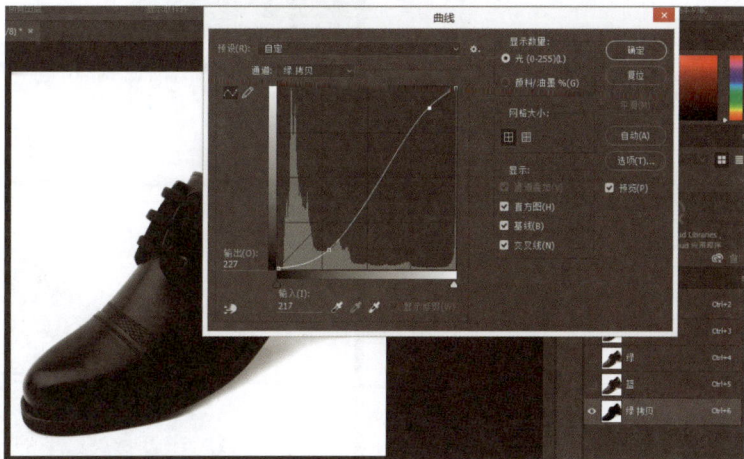

图 6-9-2

3. 新建图层：

执行"图层"→"新建"菜单命令，新建图层 1，将其名称改为亮部，模式柔光，填充 50%。

再执行"图层"→"新建"菜单命令，新建图层 2，将其名称改为阴影，模式柔光，填充 50%。

结果如图 6-9-3 所示。

图 6-9-3

4. 填充亮部和阴影：

利用刚才拷贝的绿色通道副本，按住 Ctrl 键选择选区，如图 6-9-4 所示。

图 6-9-4

5. 回到"亮部"图层，按 Alt+Delete 建，填充白色前景色，如图 6-9-5 所示。

图 6-9-5

6. 利用刚才拷贝的绿色通道副本，按住 Ctrl 键选择选区，再反向选择，按 Ctrl+Delete 填充阴影图层黑色背景色，并设置图层不透明度为 28%，如图 6-9-6 所示。

图 6-9-6

7. 现在的亮部还不够亮，可以再复制一个亮部拷贝，如图 6-9-7 所示。

图 6-9-7

8. 盖印：

按住 Ctrl 键选择"亮部""亮部拷贝""阴影"，按 Ctrl+Shift+E 对三个图层执行盖印，生成图层 1，复制图层 1 为图层 1 拷贝和图层 1 拷贝 2，如图 6-9-8 所示。

图 6-9-8

9. 高斯模糊：

对图层 1 拷贝，执行"滤镜"
→ "模糊" → "高斯模糊"菜单命
令进行高斯模糊, 半径设为 4 像素。
如图 6-9-9 所示。

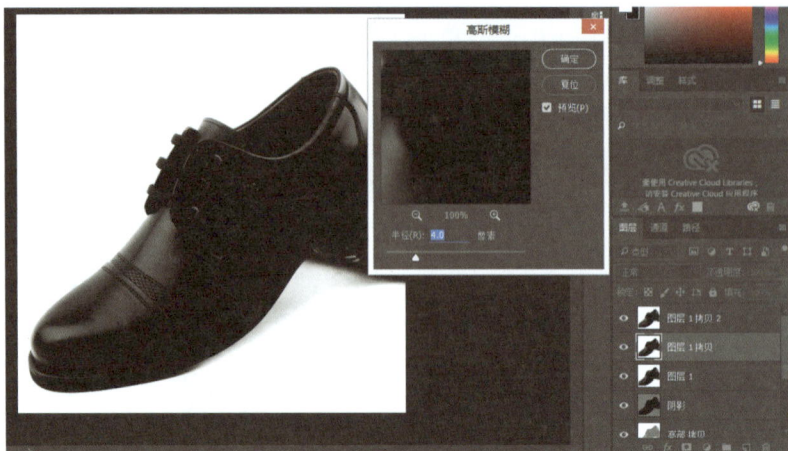

图 6-9-9

10. 应用图像：

对图层 1 拷贝 2 这一图层执行
"图像" → "应用图像"菜单命令，

按以下要求设置图层：图层 1
拷贝，通道：RGB；混合：减去；
缩放：2 补偿值 :128 ,如图 6-9-10
所示。然后单击"确定"按钮。

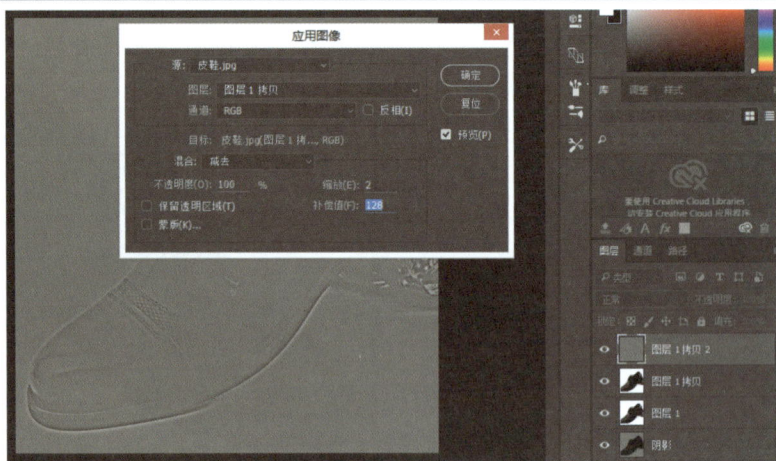

图 6-9-10

11. 将图层的混合模式改为
线性光，如图 6-9-11 所示。

图 6-9-11

12. 用套索工具美化：

回到图层 1 拷贝，选择套索工具 🔾，设置羽化值为 30，如图 6-9-12 所示。

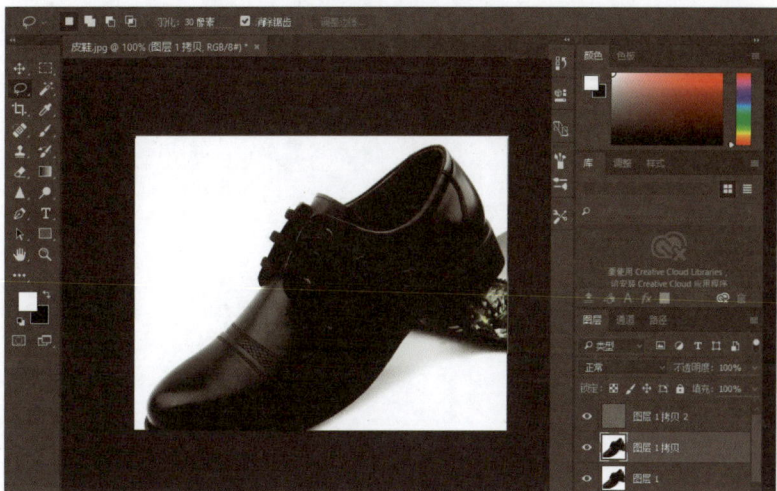

图 6-9-12

13. 运用套索工具 🔾，沿着鞋子边缘建立选区，执行"滤镜"→"模糊"→"高斯模糊"菜单命令，高斯模糊半径设为 60，如图 6-9-13 所示。

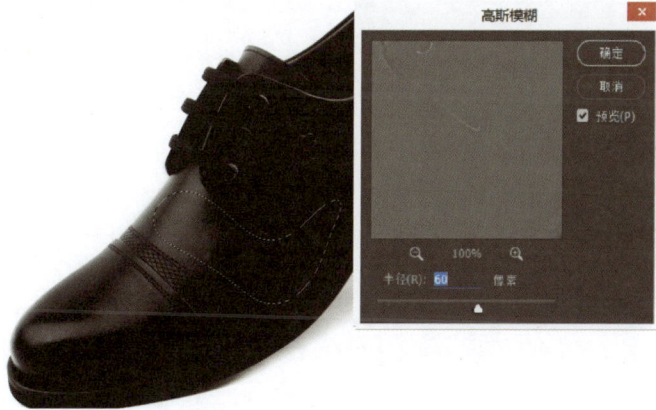

图 6-9-13

14. 运用套索工具 🔾，沿着鞋子边缘继续建立选区，可适当调整羽化值，执行"滤镜"→"模糊"→"高斯模糊"菜单命令，高斯模糊半径设为 60，处理完鞋子细节，如图 6-9-14 所示。

图 6-9-14

实训任务

精修一幅女士皮鞋产品图片，让产品看上去更加高端和更有质感。